D1833284

कृष्णमोहन झा

कृष्णमोहन झा का जन्म 10 अगस्त, 1968 को उत्तरी बिहार के सहरसा जिले के जीतपुर गाँव में हुआ। उन्होंने उच्च शिक्षा दिल्ली विश्वविद्यालय और जवाहरलाल नेहरू विश्वविद्यालय से प्राप्त की है। द्विभाषी कवि हैं। हिन्दी में 'समय को चीरकर' (1998), 'तारों की धूल' (2025) और मैथिली में 'एकटा हेरायल दुनिया' (2008) उनके प्रकाशित कविता-संग्रह हैं। उन्होंने विद्यापति के गीतों के एक संचयन 'भनइ विद्यापति' (2014) का सम्पादन किया है। 'प्रतिलिपि' और 'इंडियन लिटरेचर' में उनकी कई कविताओं के अंग्रेज़ी अनुवाद प्रकाशित हैं। हिन्दी कविताओं के अंग्रेज़ी में अनूदित संग्रह 'होम फ्रॉम अ डिस्टेंस' (सं. गिरिराज किराड़ू, राहुल सोनी) और वैश्विक कविता-संग्रह 'ग्रीनिंग द अर्थ' (सं. के. सच्चिदानन्दन, निशि चावला) के एक सहयोगी कवि हैं। असमिया, बांग्ला, मराठी, तेलुगु, उर्दू और नेपाली में भी उनकी कविताएँ अनूदित हैं।

ई-मेल : krishnaamjha@gmail.com

तारों की धूल

कृष्णमोहन झा

राजकमल पेपरबैक्स

राजकमल पेपरबैक्स में
पहला संस्करण : 2025

राजकमल पेपरबैक्स : उत्कृष्ट साहित्य के जनसुलभ संस्करण

राजकमल प्रकाशन प्रा. लि.
1-बी, नेताजी सुभाष मार्ग, दरियागंज
नई दिल्ली-110 002
द्वारा प्रकाशित

शाखाएँ : अशोक राजपथ, साइंस कॉलेज के सामने, पटना-800 006
पहली मंजिल, दरबारी बिल्डिंग, महात्मा गांधी मार्ग, प्रयागराज-211 001
1, अनमोल सोराबजी सन्तुक लेन, धोबी तलाव, मरीन लाइंस, मुम्बई-400 002

वेबसाइट : www.rajkamalprakashan.com
ई-मेल : info@rajkamalprakashan.com

विकास कंप्यूटर एंड प्रिंटर्स
ट्रॉनिका सिटी-201 102
द्वारा मुद्रित

मूल्य : ₹250

TAARON KEE DHOOL
Poems by Krishna Mohan Jha

ISBN : 978-93-6086-667-9

बनू, बाबू और अर्चू के लिए

क्रम

भूमिका

एक-चौथाई शताब्दी के बाद अपने दूसरे कविता-संग्रह को लेकर उपस्थित हूँ। एक कवि के रूप में मेरी कोशिश रही है कि अपने युग के यथार्थ को विवरणों के बुरादे की तरह नहीं पेड़ से चूए द्रव की तरह प्राप्त किया जाए। मैं मानता हूँ कि कविता का बुनियादी काम मानव-अस्तित्व एवं उसे सम्भव करनेवाली शक्तियों के सारतत्त्व का पुनराविष्कार है। अपने श्रेष्ठतम क्षणों में ये कविताएँ हवा, जल, मिट्टी, अग्नि, सरीसृप, पशु, आकाश और सितारों का सहचर होने का स्वप्न देखती हैं। ये कभी अतीत में उड़कर तालपत्र पर लिखे शब्दों के आदिम आलोक को छू लेने के लिए मचल उठती हैं तो कभी भविष्य से कान लगाकर जीवन की नियति की आहट पाने के लिए बेचैन हो जाती हैं।

यहाँ यह स्पष्ट करना ज़रूरी है कि एक रचनाकार होने के नाते अतीत और वर्तमान और भविष्य में विभाजित समय की प्रचलित धारणा में मेरा विश्वास नहीं है। मुझे लगता है कि एक कवि सदैव महावर्तमान का नागरिक होता है और सारे कवि, आलोचक, चिन्तक उसके समकालीन होते हैं। मेरे लिए यह समकालीनता एक संयुक्त परिवार की तरह है। मुझे प्राय: एक ऐसा विशाल कक्ष दिखाई पड़ता है जिसमें हमारे पुरखे सर्जक अपने-अपने आसन पर बैठे परस्पर संवाद कर रहे हैं। मैं बाहर खड़ा उनकी बातें सुनता हूँ, उन बातों के आधार पर उनके रचनात्मक व्यक्तित्व का अनुमान लगाता हूँ और भीतर घुसने का साहस जुटाने की कोशिश करता हूँ। कोशिश करता हूँ पर न साहस जुटा पाता और न संकोच मिटा पाता हूँ। सबकी आँखें बचाकर अन्तत: एक बोरा बिछाकर बाहर बरामदे पर ही बैठ जाता हूँ। मेरी ये कविताएँ उसी जगह पर समय-समय पर बैठकर लिखी गई पंक्तियाँ हैं।

कविता के सजग पाठकों ने इधर लक्षित किया है कि हमारी कविता अतिशय मनुष्य-केन्द्रित होती जा रही है। उसमें सकल चराचर की उपस्थिति दिनानुदिन क्षीण पड़ती जा रही है। मैं समझता हूँ कि उनकी चिन्ता वाजिब है। सम्भवत: वे हिन्दी कविता में निरूपित मनुष्य की प्राय: सँकरी छवि से क्षुब्ध हैं। वे उस जीवन्त, बीहड़ और अव्यक्त दुनिया की झलक हमारी कविता में पाना चाहते हैं जिसने मनुष्य को बनाया और बचाया है। राजनीति और अर्थ तो हमारे जीवन के मात्र दो पहलू हैं। बेशक ये दोनों बहुत निर्णायक भूमिका निभाते हैं लेकिन मानव-जीवन को व्यापकता और गहराई देने वाले अन्य तत्त्व भी कम महत्त्वपूर्ण नहीं, जिनकी अवहेलना से हम दो क़दमों में ही सिमट जाते हैं।

इस संग्रह की अधिकांश कविताओं में आपको किसी-न-किसी रूप में उस चीज़ की आहट या झलक या नहीं तो उसके लिए एक अकुलाहट मिलेगी जिसने हमें बनाया और यहाँ तक पहुँचाया है।

इस पुस्तक के प्रकाशन में और देर हुई होती यदि मुझे अपने मित्रों और सुधी पाठकों के तकादे समय-समय पर न मिले होते। कोशिश रहेगी कि भविष्य में भी उनके विश्वासों की रक्षा कर सकूँ। संग्रह को सुरुचि के साथ प्रकाशित करने के लिए मैं राजकमल प्रकाशन समूह के प्रबन्ध निदेशक श्री अशोक महेश्वरी, यशस्वी सम्पादक सत्यानन्द निरुपम, धर्मेन्द्र सुशान्त एवं कवि-मित्र आर. चेतनक्रान्ति का आभारी हूँ। मैं उन सभी मित्र हाथों का आभारी हूँ जिनके स्पर्श से यह पुस्तक तैयार हुई है।

—कृष्णमोहन झा

मुहमद कबि यह जोरि सुनावा। सुना जो पेम पीर गा पावा॥
जोरी लाइ रकत कै लेई। गाढ़ी प्रीति नयनन्ह जल भेई॥

—मलिक मुहम्मद जायसी

फ़र्क़ पड़ता है

सिर्फ़ बस्ती के उजड़ने से नहीं
सिर्फ़ आदमी के मरने से नहीं
सिर्फ़ गाछ के उखड़ने से नहीं
एक पत्ती के झरने से भी फ़र्क़ पड़ता है

[2005]

चींटियों का दुःख

चींटियों के भी तबाह होते हैं घर
चींटियों के भी निकलते हैं पर
चींटियाँ भी शवयात्रा में शरीक होती हैं

लेकिन चींटियों का दुःख हमें दिखाई नहीं देता
चींटियों की पीड़ा हमें विगलित नहीं करती
चींटियों की मृत्यु रुलाती नहीं हमें

होता तो होगा चींटियों का भी कोई ईश्वर ज़रूर

छूट जाते कभी हम से भी हमारे घर
अपना ही कोई हाथ
देता हमारे डैनों को भी कतर
हमारी दुनिया भी देखते-देखते राख हो जाती है

हम भी कटी हुई जीभों से करते हैं विकल प्रार्थना
क्या पहुँचती होगी कहीं हमारी भी आवाज़!

[2019]

सारंगी

उस आदमी ने किया होगा इसका आविष्कार
जो शायद जन्म से ही बधिर हो
और जो अपनी आवाज़ खोजने
बरसों जंगल-जंगल भटकता रहा हो

या उस आदमी ने
जिसने राजाज्ञा का उल्लंघन करने के बदले
कटा दी हो अपनी जीभ
और जिसकी देह मरोड़ती हुई पीड़ा की ऐंठन
मुँह तक आकर निराकार ही निकल जाती हो

अथवा उसने रचा होगा इसे
जो समुद्र के ज्वार से तिरस्कृत घोंघे की तरह
अकिंचनता के द्वीप पर फेंक दिया गया हो
और जिसकी हर साँस पर काँपकर टूट जाती हो
उसके उफनते हृदय की पुकार

या सम्भव है
जिसने खो दिया हो अपना घर-परिवार
साथ-साथ रोने के लिए किया हो इसका आविष्कार

इस असाध्य जीवन में
टूटने और छूटने के इतने प्रसंग हैं भरे हुए
कि इसके जन्म का कारण कुछ भी हो सकता है
एक पक्षी के मरने से लेकर एक बस्ती के उजड़ने तक

इसलिए
जीवन के नाम पर जिन लोगों ने सिर्फ़ दुःख झेला है
उनकी मनुष्यता के सम्मान में
कमर सीधी करके सुनिये इसे

यह सुख के आरोह से अभिसिंचित कोई वाद्ययंत्र नहीं
सदियों से जमता हुआ दुःख का एक ग्लेशियर है
जो अपने ही उत्ताप से अब धीरे-धीरे पिघल रहा है...

[1999]

नदी-घाटी सभ्यता

जब भी नदी में उतरता हूँ
इस दुनिया की
सबसे प्राचीन सड़क पर चलने की उत्तेजना से भर जाता हूँ

मेरी स्मृति में
धीरे-धीरे उभरने लगता है
अपने अभेद्य रहस्य में डूबा हुआ जंगल

धीमे-धीमे
मुझे घेरने लगती है
अदृश्य सरीसृप के रेंगने की सरसराहट

मुझे याद आते हैं
झुंड में पानी पीते हुए पशुओं के
थरथराते प्रतिबिम्ब
और उनके पीछे
गीली मिट्टी पर बाघ के पंजों के निशान

मुझे सुनाई पड़ती है
कोहरे में विलीन डोंगियों की छपछपाहट
और तट पर दिखाई पड़ती है
छाल और खाल में लिपटे हुए लोगों की चहल-पहल
उठापटक

मुझे नदियों के प्रवाहित इतिहास में मिलती है
गुफाओं के चित्रलिखित स्वप्न से फूटकर
बाहर भागती आती हुई
इस जीवन की आदि नदी-कथा
और इसके गर्भ में विलुप्त अस्थियाँ कहती हैं
बीते समय की अखंडित व्यथा

मिट्टी और पानी से जन्म लेते हुए
मुझे दिखते हैं शब्द
घास की तरह लहलहाती हुई दिखती है भाषा
और अपनी प्रत्येक परिभाषा को तोड़कर
अन्ततः बाहर आता हुआ दिखता है मनुष्य

लेकिन आश्चर्य है
कि एक दिन यही मनुष्य
अपने रक्त से नदियों को निर्वासित कर देता है
और इस जीवन के आदिस्रोत से विछिन्न
अपना-अपना ईश्वर गढ़ लेता है

ठीक यहीं से आरम्भ होता है
विस्मरण
का
इतिहास

यहीं आकर एक सभ्यता दम तोड़ देती है
यहीं से शुरू होते हैं आत्मघाती हमले
यहीं आकर नदियाँ
अपनी धारा मोड़ लेती हैं

यहाँ से जल-कथाएँ अपने उद्गम में लौट जाती हैं। अनाथ जल-पक्षी चले जाते हैं परदेस। वनस्पति की अनेक प्रजातियाँ ख़त्म हो जाती हैं। सूखने लगते हैं पेड़। लोक गीत के हरित-प्रदेश में धूल उड़ने लगती है। भूसे की

तरह झड़ने लगते हैं शब्द और मर जाता है भाषा का कवित्व। अब भग्न हृदय पानी के लिए छटपटाने लगता है। पूजाघरों में लग जाता है नारियल का ढेर। मंत्र बन जाते हैं शोर। बीमार लोगों की बाँह पर ताबीज बँध जाती है। मुक्ति के विभिन्न मॉडलों से भर जाता है बाज़ार और हरेक चौराहे पर ईश्वर बिकने लगता है।

लेकिन
एक दहकते हुए प्रश्न को अपने सीने में भरकर
उस सत्ता को लाँघकर
जो बहुत पहले ही निकल चुके बाहर
कहाँ मिलेगा अब
उनकी तपती देह को शीतल स्पर्श
कहाँ मिलेगा उनके व्याकुल हृदय को अब
एकमात्र आश्रय

ख़ैर
नदी-घाटी सभ्यता की चाहे प्रेरणा नहीं
उस तरल आश्चर्य की स्मृति ही सही
मगर वह है
मेरे भीतर पूरी तरह से जीवित

मैं उसकी हरेक बूँद के सामने अपना मस्तक झुकाता हूँ।

[2007]

गड़ेरिया

हवा पानी और आकाश की तरह
दिख सकता है कहीं भी वह

यानी वहाँ भी
जहाँ उसके होने की सम्भावना न्यूनतम है

अपनी आत्मा को तुम अगर
अन्दर से बाहर की ओर उलट दो
तो उसके उजड़े हुए बन में तुम्हें वह
एक गाछ के नीचे बैठा दिखेगा निराकांक्ष
अपनी लाठी बजाता हुआ, अपनी भेड़ें चराता हुआ...

लेकिन जाने दो इसे
तुम तो आत्मा पर विश्वास नहीं करते
कहते हो कि विज्ञान उसे प्रमाणित नहीं करता

ठीक ही कहते शायद

गड़ेरिये को देखने से बहुत पहले
गर्भ में ही तुम खो चुके अपना आत्म
इसलिए अब धूल की तरह
यहाँ-वहाँ उड़ते फिरते हो...

लेकिन यह
हवा-पानी और आसमान की तरह सच है
कि अपनी भेड़ों से चुपचाप बतियाता हुआ
कहीं भी दिख सकता है वह

सिर्फ़ गिरिडीह में नहीं
अलवर में भी
रतलाम में ही नहीं
चंडीगढ़ में भी
यहाँ तक कि **हयात** के सामने रिंगरोड पर भी
अपनी भेड़ों को ढूँढ़ता
और नदियों को पुकारता हुआ
अपने बन के लिए रोता
और ऋतुओं के लिए बिसूरता हुआ दिख सकता है वह

पर तुम उसे देखते कहाँ हो

तुम्हारे नगर की छत से जब उठने लगती है
उसकी भेड़ के गोश्त की गन्ध
एक अबूझ ज्वरग्रस्त पीड़ा में वह बड़बड़ाने लगता है

नहीं,
वह पागल नहीं है
न जाने इतिहास के किस अध्याय से
हाँका लगाकर लाया हुआ कस्तूरी मृग है वह
और उसका अपराध उसकी निष्कवच मौलिकता है

सात किवाड़ों के भीतर
जब तुम्हारा नगर डूब जाता है
अपने वांछित अन्धकार में
अपनी अटूट यातना के थरथर प्रकाश में वह
एक अभिशप्त देवदूत की तरह सड़क पर भटकता रहता है।

[1999]

ओ मेरी पृथ्वी

ओ मेरी पृथ्वी
यदि मेरी जिह्वा पर मेरे कंठ में मेरी धमनी में
हवा-सी सरसराती
पहाड़ी नदियों-सी कलकल करती बिछलती
या तड़ित-सी तमकती कौंधती उज्जर झकझक भाषा होती
तो मैं तुम्हारी दिव्यता
और तुम्हारे गर्भ में पल्लवित सदा
जीवन-स्रोत की महिमा का बखान कर पाता
और तुम्हारे पार्थिव आलोक के शीतल वृत्त के नीचे
शायद अर्जित कर पाता थोड़ी अमरता

पर मैं
स्वयं अपनी भाषा से पराजित
एक
बधिर
कवि
हूँ
मात्र
तुम्हारी सर्जना और सम्मोहन के आगे
विनीत और अवाक्

मगर जब तुम्हारे हिरण्यमय अंक में उन्मत्त
इस जीवन-प्रपात को
असंख्य रंगों अनगिनत रूपों में नृत्यमय पाता हूँ

तो अपनी विकल आकांक्षा के संघटित बिन्दु पर आकर
कृतज्ञता के आवेश से
तिनका-तिनका हो जाता हूँ
जी करता है मुट्ठी में बटोरकर ख़ुद को
स्वयं छींट आऊँ
वहाँ—
रक्त को अनगिनत रंगों में सतत अनूदित करते
उन प्राचीन जड़ों के पास
जहाँ निरन्तर अंकुरित होने की अनन्त प्रक्रिया में है आकाश
लेकिन दूसरी तरफ
इस दुनिया में लगातार पसरती कुरूपता को लेकर
तुम्हारी अप्रत्याशित सहनशीलता को देखते हुए हताश हो जाता हूँ

समझ नहीं पाता
कि तुम्हारी गोद में बैठे जो लोग
दूसरे के खेत का पानी
रातोंरात मेड़ काटकर अपने खेत में पसा लेते हैं
आखिर क्यों लहलहाती रहती उनकी फसल?

जो लोग गँड़ासा उठाकर और फरसा भाँजकर
किसी निर्बल के आम का पेड़ कटवा लेते हैं गाय खुलवा लेते हैं
जेठ महीने में भी उनके आँगन में क्यों
अनाज की तरह बिछी रहती है
किसी फलदार वृक्ष की मीठी छाया?

कनपटी में दोनाली सटाकर
जो लोग किसी बच्ची को उठा ले जाते हैं
किसी निरीह की गर्दन उड़ाकर
उसकी विधवा की ज़मीन हड़प लेते हैं जो
आख़िर क्यों उनके घरों से इस तरह खिलखिलाने की आवाज़ आती है?

हर ड्योढ़ी हर चौराहा
हर घाट हर बाट पर क्यों हमेशा दुत्कारा जाता है सत्य
तुम्हारी हथेली पर
रोज़-ब-रोज़ क्यों कलंकित होती रहती है उसकी काया?
जिधर अन्याय है क्यों उधर ही संघनित रहती है शक्ति?
समझ नहीं पाता
है तुम्हारी यह कैसी माया!

जबकि तुम अपनी छाया को समेट ले सकती हो उनके ऊपर से
जो दूसरों के पौधे की जड़ों में पेशाब करते हैं
लेकिन तुम देखती रहतीं टुकुर-टुकुर
जबकि तुम अपने मीठे जल से वंचित कर सकती हो उन अपराधियों को
जो दूसरों के कुएँ में ज़हर घोल देते हैं
लेकिन तुम उदासीन रहती हो
जबकि एक बार तुम अपनी देह को थोड़ा हिला दो
तो वे नेस्तनाबूद हो जाएँ
जो दूसरों की जिह्वा पर अपना घर बनाते हैं
लेकिन तुम कुछ कहती नहीं
करती नहीं कुछ
निरीह गाय की तरह चुपचाप देखती रहती हो
और अत्याचार की वैतरणी तुम्हारे शरीर पर अनवरत बहती रहती है...

तुम्हारी इस अनैतिक चुप्पी को देखकर
खिन्न रहता हूँ अक्सर
मन तो करता है कभी-कभी
कि बहिष्कृत कर दूँ तुम्हें अपने जीवन से
नहीं तो उठाकर फेंक दूँ एक दिन
इस ब्रह्मांड से बाहर कहीं किसी महाशून्य के अतल में
लेकिन फिर यह सोचकर वेदना से भर जाता हूँ
कि तुम पहले से ही तो कितनी अकेली हो!
अपने पिता से खरबों कोस दूर
किसी अनकिये अपराध का कोई महादंड भुगतती हुई

चाँद जैसे भाई के साहचर्य से वंचित
किस तरह करोड़ों वर्षों से प्रतिक्षण मायके का चक्कर काटती हुई तुम
अपने ठिठुरते एकान्त में बेबस बिसूरती रहती हो

और तब इच्छा होती है मुझे
कि अपनी नन्ही बेटी की तरह उठाकर तुम्हें गोद में रख लूँ
तुम्हारे मूँ-हाथ धुलवा दूँ और फ्रॉक बदल दूँ
अधखुले लटकते रिबन निकालकर तुम्हारे बाल सँवार दूँ
और कन्धे पर लेकर धीरे-धीरे थपकी दूँ तुम्हें

ओ मेरी बेटी
मैं अपने पास लिटाकर तुम्हें
रंग-बिरंगी परियों की कहानियाँ सुनाना चाहता हूँ
अपनी बरौनियों के घोंसले में तुम्हें
जुगनू की तरह खोंसकर रखना चाहता हूँ
इस दुनिया के तमाम पागलपन से बचाकर तुम्हें मैं
अपनी आँखों के कोर में छुपा लेना चाहता हूँ

[1999-2021]

आठवाँ दिन

सप्ताह का एक भी दिन ऐसा नहीं
जो बचा हो निष्कलंक अब
और जिसके हाथ निष्कलुष और दिल बेदाग़ हों

सोमवार की छाती पर
अब भी हिरोशिमा के चिथड़े बिखरे हुए हैं
वहाँ ज्यों का त्यों खड़ा है
मौत का एक स्याह और मशरूम जैसा दरख़्त

मंगलवार तो लोर्का के ख़ून से रक्तरंजित है ही
यही वह दिन है
जब समुद्र की तरह उमड़ते हुए एक कवि को
स्पेन के राष्ट्र-भक्तों ने क्या से क्या बताकर मार डाला

और गुजरात के दंगे के कलंक से बुधवार बच नहीं सकता
जहाँ की दुर्लभ शाकाहारी प्रजाति ने
इसलिए सैकड़ों लोगों को कबाब क़ी तरह भून डाला
क्योंकि वे पश्चिम की ओर मुड़कर किया करते हैं पूजा

मेरे पिता के जलने की गन्ध
बृहस्पतिवार के फेफड़े में फैली है तेज़ाब की तरह
मेरे भैया की चन्दन जैसी देह
बृहस्पतिवार की ही आग में अब भी राख हो रही है

30 जनवरी को जो
कहीं से भागता हुआ आया था प्रार्थना-सभा में उस दिन
उन तीन हिन्दू गोलियों से आहत और अचेत
वह शुक्रवार अब भी तड़प रहा है

थ्यानमेन चौक पर उद्विग्न और लाचार
यह बेचारा शनिवार भी
बराबरी और मैत्री और कम्यून के दावे का शिकार होकर
लहूलुहान और मृत पड़ा है

और लोकप्रिय इतवार की इस सचाई से भला कौन है अनभिज्ञ
कि प्रथम विश्वयुद्ध के मृतकों के सूखे ख़ून से
उसका रंग और गाढ़ा हुआ है
दोपहर की विलम्बित उबासी में
खर्राटे भरता रहता है उसका कलंक

रक्तरंजित इन सातों दिनों में टाँका हुआ मैं
मनुष्य होकर मनुष्य से हाँका हुआ मैं
तुरपाई के एक घर से
छिटककर
उस समय से
चुरा लेता हूँ एक चुटकी चुपचाप
जो अबोध बच्चों की दूधिया आँख में झिलमिलाता है
उनके शिशु आश्चर्य और उत्सुकता की उज्ज्वल धूल में निष्पाप
और पूरी दुनिया से नज़रें बचाकर
रात के निविड़ अन्धकार में
जब एक चांडाल भी नींद की मदिरा पीकर घुलट जाता है
एक सादे पन्ने पर अवनत मैं
धीरे-धीरे गढ़ता हूँ
सप्ताह
का
आठवाँ
दिन

आठवें दिन को मैं अपना रक्त देता हूँ
आठवें दिन को निकालकर देता हूँ अपने नेत्र
आठवें दिन को अस्थि देता हूँ अपनी
आठवें दिन को अर्पित करता हूँ अपना सुन्दर-असुन्दर जीवन

आठवें दिन की नन्ही हथेलियों पर
ओस में भीगे श्वेतचम्पा के कुछ फूल रखता हूँ
आठवें दिन की पलकों पर
आकाश से लबालब चुम्बन के मैं बिरवे लगाता हूँ
और आठवें दिन की निगरानी के लिए लिखता हूँ कविताएँ

[2018]

पिछली बार कब

कोई नैतिक आग्रह नहीं
कोई राजनीतिक दबाव नहीं
कोई नागरिक अपेक्षा नहीं

एक अन्तहीन बड़बड़ाहट
और निरर्थक दावे के घमासान से
किसी तरह बचते हुए
धूल-सी उड़नेवाली पत्ते की तरह झड़नेवाली
एक सहज इच्छा से भरकर
यह जानने चला आया हूँ आपके पास
कि पिछली बार कब
बारिश में आपने जी भरकर नहाया था
और जीवन का
दुर्लभ वरदान पाने की कृतज्ञता में
धरती पर एक हरा लगाया था

क्या आप बता सकते हैं
कि पिछली बार कब
ख़ुद को छोटा किये बग़ैर
किसी को बड़ा बनाया था
और अपने स्तर पर
इस दुनिया को थोड़ा कोमल बनाने के लिए
बस्ती की ओर जानेवाली पगडंडी पर से कुछ काँटों को हटाया था

क्या आप कह सकते हैं
कि पिछली बार कब
आकाश को बाँहों में भरकर आप
घास की तरह खुले मैदान में सोए थे

क्या आपको याद है
दूसरे के दुःख में पिछली बार आप कब रोए थे?

[2004]

याद करो

नहीं
समय अब बिलकुल नहीं है तुम्हारे पास
इससे पहले कि आकर तुम्हें वह
बना ले अपना ग्रास
याद करो

याद करो
ख़रगोश के रोएँ-सा वह अन्धकार
जिसने तुम्हें अपनी गोद में धारण किया
और उस स्त्री के हृदय से विकीर्णित वह रक्तिम प्रकाश
जिसने तुम्हारी काया में आकाश भर दिया

याद करो
हवा में उड़ते जुगनुओं के वे दीये
तुम्हारी मुट्ठी से जो बह जाया करते थे
रेंगते हुए
और आसमान की टहनी से लटके तारों के वे गुच्छे
जो तिमिर के जल में चुपचाप हिलते रहते थे

याद करो वह भूख
जिसकी चोट से तड़पकर
खपरी से निकली जलती रोटी को उठाकर
कभी तुमने अपने पेट पर रख लिया था

और याद करो मिट्टी का वह मोखा
जिसे कभी न भूलने का
ख़ुद को तुमने वचन दिया था

याद करो वह स्पर्श
झुककर
जिसके तट पर
तुम्हारे बनैलेपन ने पानी पिया
और वह सुगन्ध
समय-समय पर आकर जिसने
तुम्हारे नाख़ूनों को दयालु बनाया

याद करो वे चोट
याद करो वे मोच
याद करो जीत के वे उल्लास
याद करो जीवन-मरण में गुँथे हुए वे मास
याद करो चढ़ते बुख़ार-सा वह प्यार
याद करो वे रौंदनेवाले अज्ञात हाहाकार

याद करो वे जंगल
जो असंख्य तसवीरों में अब भटक रहे हैं
याद करो वे आवाज़ें
जो तुम्हारी विस्मृतियों के कुएँ में हैं दफ़्न
याद करो वे तीर-धनुष
जिनकी ज़रूरत अब भी बनी हुई है
याद करो वे गुफाएँ
जहाँ से अब भी कुछ फुसफुसाहटें आ रही हैं
याद करो वे आकृतियाँ
जो यहाँ तक आते-आते बन गई हैं शब्द
उन ज़ंजीरों को याद करो
जो हज़ारों बरस पहले बनाई गई थीं

पर जिनके नीले निशान
तुम्हारी त्वचा पर अब भी दिखाई देते हैं

सिनेमाघरों के भीतर और बाहर
हर चौक-चौराहे पर
पताका जैसे फहरा रहे हैं विस्मरण के दृश्य
ढाबों से विस्मरण की गन्ध आ रही है
उत्सवों ने विस्मरण के तोरण सजा लिये हैं द्वार पर
संगीत से विस्मरण की धुन उठ रही है
पराधीन ख़ुशियाँ
ठुमक रही हैं विस्मरण के सामने
भाषाएँ विस्मरण के हाथों अपमानित और अवाक् हैं

याद करो
कि किसी एटीएम से निकलकर तुम नहीं आए इस दुनिया में
और न ही एक संक्षिप्त मैसेज में ढलकर
किसी ध्वनि के साथ तुम मोबाइल पर अवतरित हुए हो
तुम्हें एक स्त्री ने दिया है जन्म
और तुम्हारा एक घर है
जिसके कुएँ की जड़ में तुम्हारे दूध-दाँत रोपे हुए हैं
जहाँ पेड़ों की समवेत छाया
धीरे-धीरे छप्पर से उतरकर आँगन में बिछ जाती है
जिसकी भीत पर टिक-टिक करके
दूर से भी तुम्हारी बातों का सत्यापन करते हैं गिरगिट
जिसकी मुँडेर पर बैठकर कौए अब भी गहगहाते हैं
जिसके सन्नाटे में डूबे पितर
अब भी करते हैं तुम्हारे लौटने की प्रतीक्षा

याद करो हहराता हुआ वह प्रेम
याद करो टभकती हुई वह घृणा
याद करो पसीजता हुआ वह वात्सल्य
याद करो दहकती हुई वह वासना

उन तमाम चीज़ों को याद करो
जिनके साथ और जिनसे होकर तुम पहुँचे हो यहाँ तक

देह झाड़कर निकल जाने के लिए तुम यहाँ नहीं आए हो

[2022]

अस्थि और उम्मीद

जहाँ कहीं हाथ रखता हूँ
मेरी छुअन के इर्द-गिर्द
उड़ने लगते हैं तितलियों जैसे असंख्य स्पर्श

उदासी और उम्मीद में जब भी उठाता हूँ हाथ
देखता हूँ
कमल जैसी अनगिनत भुजाएँ
पहले से ही ऊपर उठी हुईं

फूलों की विलीन पंखुरियाँ
और वनस्पतियों की विगत प्रजातियाँ
शय्या बनकर बिछी हैं वहाँ
अभी-अभी जहाँ एक फूल गिरा है आकर

नदियों में जाकर मुझे अक्सर लगा है
कि सदियों से
पानी को चीरती अधीर बाँहों
और अथक जंघाओं ने मुझे डूबने से बचाया है

ख़ुद इस जीवन ने मुझे बताया है
कि मात्र जीवितों पर नहीं
दिवंगतों की अस्थि और उम्मीद पर भी टिकी होती है दुनिया

[2021]

है

जो है
और जो नहीं है

जो है भी
और नहीं भी है

जो न है
और न नहीं है

जो नहीं है
वह भी कहीं है

कहीं नहीं की भी एक मही है

[2021]

उसकी खोज

यों समृद्धि से भरा-पूरा था बचपन का वह आकाश
सिर्फ़ एक चीज़ थी जो नहीं थी हमारे पास

जैसे चूता हुआ एक घर था
धुएँ में हाँफता एक लालटेन था दालान के लिए
दवा की शीशी से बनाई गई एक डिबिया थी
जो रसोई के बाद
ताख पर ऐसे रखी जाती थी
कि घर के साथ आँगन भी प्रकाशित रहे
ढहता हुआ एक कुआँ था
जिसमें एक गरइ मछली चक्कर काटती रहती थी दिन-रात
गुड़ियाम में प्राय: भूखे दो बूढ़े बैल होते थे बँधे
जिनकी सजल आँखें विकल रहती थीं हमेशा
रसोई में
मिट्टी के दो चूल्हे और कुछ बर्तन थे
तुलसी का चौरा था आँगन के एक कोने में
साँझ में जिसकी पत्तियों को टूँगने से पहले चुटकी बजानी होती थी
ड्योढ़ी पर कटहल का एक गाछ था
जिसके केसरिया पत्ते से हम अपने ख़रगोश बनाते थे
मुँडेर की ओर अग्रसर पोए की लतर थी छप्पर पर
जिसके पके बीजों के गुच्छे से
हम अपनी एड़ियाँ रँगते थे
ठाकुरबाड़ी के पीछे कपास के दो-चार गाछ भी थे

जिसकी रुई से दिन-भर
दादी सूत कातती रहती थीं पीतल की तकली पर

कुदाल थी एक
जो घिस-घिसकर खुरपी बन गई थी
देहरी पर ठंडे पानी की एक सुराही थी रखी
फूल के छोटे लोटे थे दो
और एक प्रागैतिहासिक कालीन छाता भी था
इनके अतिरिक्त
दादी की रहस्यमयी पोटली थी
जिसमें इतनी बड़ी दुनिया
अपने हाथ-पैर समेटकर छुपी रहती थी
और कभी न मिटनेवाली भूख थी हमारी

यानी उजड़ी हुई एक सम्पन्नता थी हमारे पास
सिवा उस मर्मान्तक शून्यता के
जिसे झेलते हम सब थे
लेकिन उसके बारे में कभी कुछ बोलते नहीं थे

पता नहीं उस दिन उस समय उस घड़ी वह अप्रत्याशित क्षण
किस बाँबी किस सुरंग किस कन्दरा से निकलकर
मेरी जिह्वा पर बैठ गया था आकर
जब दादी से जाकर मैंने पूछा था—
मेरी माँ कहाँ है दादी?

माँ को कभी देखा नहीं था मैंने
घर में नहीं थी उसकी एक भी तसवीर
वह पिता के अवसन्न मौन में चुपचाप बैठी रहती थी
या हमारे लिए उत्पन्न
स्त्रियों के दयालुतापूर्ण आँसुओं में छलछला आती थी

यह बात ज़रूर सुनाई देती थी
कि अलग-अलग मात्रा और विभिन्न संयोजनों में
तरह-तरह से वितरित थी वह हम भाई-बहनों में
लेकिन अब
उसे साबुत देखने की मन में उठ रही थी अजीब और उत्कट धुन
दादी ने भाँप लिया उसी छन
कि उसका छोटका पोता बासी रोटी और गुड़ से बड़ा हो गया है
समेटकर मुझे पुचकारते हुए उसने कहा—
बेटा, तुम्हारी माँ नहाने गई है, उतरबरिया धार...

उतरबरिया धार!
पता नहीं कहाँ किधर कैसी धार थी वह
जहाँ से नहाकर लौटने में इतने दिन लग रहे थे माँ को
उसकी राह देखते-देखते मेरे जोड़ टटाने लगे
पेट में मरोड़ उठने लगी भूख से
और फिर पता नहीं कब और कैसे सो गया मैं

अगले दिन
आम और कटहल के गाछ के पीछे से सुबह निकली धीरे-धीरे
फिर सूरज बैलों की घंटियों को टुनटुनाता हुआ
खेत जोतने लगा मेड़ बाँधने लगा
फिर घरों की मुँडेरों पर दिन पगड़ी लपेटकर बैठ गया
और फिर साँझ बैलगाड़ी के पीछे-पीछे दबे पाँव
पहुँच गई गाँव
फिर रात हुई फिर सुबह और दोपहर और फिर शाम
फिर अगले दिन दोपहर में
जब बड़ी बहिन सुस्ता रही थी करके घर के काम
उससे सटकर बैठते हुए फुसफुसाकर पूछा मैंने—
दीदी, नहाकर कब लौटेगी माँ?

चौंककर शीतलपाटी पर उठ बैठी वह
उसकी आँखों में कुछ भय, संशय और प्रेम की सजलता थी

मेरे रूखे-सूखे बालों पर हाथ फेरते हुए कहा उसने—
बाबू क्या चैय्ये? लेमन चूस खाओगे?

नहीं
लेमन चूस नहीं
मुझे माँ चाहिए थी
या कम-से-कम चाहिए थी उसकी कोई भी ख़बर

मैंने देखा कि भगवती-घर की शीतल देहरी पर
छोटकी दीदी कनिया-पुतरा से खेल रही थी
उसके बगल में जाकर मैं चुपचाप खड़ा हो गया
मेरे उदास चेहरे को देखते हुए उसने
अपने खिलौने की डलिया को एक ओर सरका दिया
और बोली—आओ

उसके पीछे-पीछे चलते हुए
हम अपने टोले से बाहर आ गए
बाँस के एक जंगल को पार करते हुए
एक पेड़ के पास आकर हम दोनों रुक गए
तब बहिन ने धीरे-से मुझे कहा—
उधर देखो बाबू!
मैंने कहा क्या?
उसने कहा—जिसे तुम खोज रहे हो
मैंने कहा यह तो बबूल का पेड़ है दीदी
उसने कहा—ऊपर देखो न
मैंने कहा ऊपर भी तो पेड़ ही है
इस बार झुककर अपनी उँगली से मुझे दिखाते हुए उसने कहा—
उस टहनी पर बैठी हुई तुम्हें हमारी माँ नहीं दिख रही?
मैंने कहा वह तो चिड़िया है दीदी
उसने कहा—हाँ, हमारी माँ अब चिड़िया बन गई है
नाम है उसका नीलकंठ
वह अब बबूल के इसी पेड़ पर रहती है

मैं आश्चर्य से देख रहा था अपनी उस माँ को
जो अब चिड़िया थी
और जो ऊपर से हमें निहार रही थी
और जो फिर भी हमारे क़रीब नहीं आ रही थी

उसे एकटक देखते हुए
मैं उस गाछ की ओर बढ़ा
और जैसे ही उसके नज़दीक पहुँचा
वह फुर्र से उड़कर शीशम की टहनी पर जा बैठी
मैं शीशम के पास भागा
तो वह उड़कर जामुन के पेड़ पर चली गई
और मैं दौड़ते हुए जब जामुन के नीचे पहुँचा
वह उड़कर नीले आसमान में कहीं विलीन हो गई

मेरी आँखें सहसा भर आईं
रुआँसा होकर मैंने बहिन से कहा
माँ वाली चिड़िया तो कहीं चली गई दीदी
उसने प्यार से मेरे कन्धे पर हाथ रखते हुए कहा—
कल वह लौटकर फिर आएगी बाबू
लेकिन मेरे लिए कल आकाश की फुनगी पर लगा फल था
जिस पर नहीं था मुझे थोड़ा भी भरोसा
मगर कुछ कह नहीं पाया
मुड़-मुड़कर देखते हुए मैं बहिन के साथ लौट आया

दालान पर पहुँचकर
कुएँ से पानी खींचकर उसने अपने और मेरे पैर धोए
फिर ठाकुरबाड़ी के आगे
हरसिंगार के फूल चुनने वह बैठ गई
और मैं आँगन बड़ी बहिन के पास तुरन्त चला आया
आज मेरे सामने जीवन का इतना बड़ा रहस्य था खुला
जिसे फ़ौरन उसे बताना ज़रूरी था

मैंने देखा कि कटहल के गाछ की छाँह
आधे से अधिक आँगन को भिगो चुकी है
और मद्धम होती धूप
दीदी के पैरों पर चढ़ती आ रही है
एक पल के लिए मैं उसे पहचान ही नहीं पाया
उसके चेहरे पर मुझे दिख गई सहसा
एक अलभ्य और अदृश्य स्त्री की अनूठी छाया
मैं समझ गया
वह माँ वाली चिड़िया
सोई हुई दीदी में आकर समा गई है
और मेरे आँगन लौट आने की राह देख रही है
मैंने उत्तेजना में कहा—
ये देखो दीदी, माँ तो तुम में छुपी हुई है!
वह धड़फड़ाकर उठ बैठी
और आँखें फाड़कर मुझे टुकुर-टुकुर देखने लगी
उसके चेहरे पर क्षण-भर पहले जो हमारी माँ उग आई थी
वह फिर अचानक चिड़िया बनकर कहीं उड़ गई

[2021]

वर्षा

सबसे पहले
क्षितिज के उस नारंगी चौके को
अपने जामुनी रंग से लीपती दिखी वह

फिर उसका इरादा
नशे की तरह आसमान पर छाने लगा

तब गड़गड़ाने लगा आकाश का विशाल मृदंग
और बिजली का अनोखा हँसिया
गोधूलि की घास उड़ाने लगा

उसके बाद
तूफ़ान की तरह हहाती
दूर से ही आती हुई सुनाई पड़ी वह
लगा कि आज समुद्र को साथ लेकर आई है

और तब फ़ौरन
बाँस के झुरमुट में वह धड़धड़ाती हुई घुस पड़ी—
जहाँ झूमते आपस में रगड़ खाते बाँसों के साथ
वासना में तपते पेंग ले रहे थे साँप
और झरझराने लगी

फिर मैंने देखा
कि टीन के छप्पर पर उसकी बूँदें
कटहल के कोए की तरह धप-धप गिर रही हैं

उसके बाद
बरामदे पर मेरे पास आकर वह
मूँग की पकी हुई छीमियों की तरह चनककर उड़ने लगी
उसकी छींटों से मेरे कुर्ते पर छोटे-छोटे फूल उग आए
मेरे चश्मे पर उसकी बूँदें डबडबाकर अटक गईं
और अपनी शीतल उँगलियों से वह मेरे पैरों को गुदगुदाने लगी

उसके आदिम स्पर्श से मैं सिहर उठा
देखते-देखते उस स्पर्श से टघरकर
स्मृतियों की एक हरी-भरी लकीर मेरे बचपन में चली गई
जहाँ खेत-पथार, गाछ-पात, चिरई-चुनमुन, चन्दा-तारे और आसमान
सब घूम-घूमकर मेरे पास ऐसे लौट रहे थे
जैसे उन्हें मेरी ही प्रतीक्षा थी

मैं सीधे वहाँ गया
जहाँ पर दादी मिट्टी के मेरे स्वर्णिम खिलौनों को
अपनी पुरानी धोती के टुकड़े में सहेजकर रखती थी
और समय-समय पर
गुड़ की तरह निकालकर देती थी मुझे
लेकिन वहाँ कुछ न था अब
केवल निर्जनता थी जो निरन्तर बरस रही थी

बेकल होकर मैं
धान के उस खेत की ओर भागा
जो तमाम पेड़ों-झाड़ियों-झुरमुटों को पार करने के बाद
पीपल के गाछ के पड़ोस में
शीतलपाटी-सा बिछा रहता था
और जिसकी मेड़ों पर बगुले योगाभ्यास में तल्लीन दिखते थे
लेकिन वह रास्ता थोड़ा चलकर कहीं विलीन हो गया
और वे हरे-पीले-नीले दृश्य
पिघलकर मेरी आँखों में वापिस लौट आए

तब मैंने इमली के पेड़ के नीचे जाकर अपने दोस्तों को पुकारा
लेकिन कहीं से कोई ज़वाब नहीं आया
या तो जाती हुई मेरी आवाज़ किसी जाले में अटकी रह गई
या वे लोग कहीं और चले गए

अपने आँगन में मेरे हताश लौटते ही
बिजली चमक उठी
और वर्षा के साथ ओले झरने लगे
हर्षातिरेक से मैंने छोटी बहन को पुकारा—
कामिनी, कहाँ हो तुम! बाहर आओ और देखो क्या है यह!
वह अपनी देह और चेहरे से किसी तरह राख झाड़ती हुई दौड़ती आई
उसके एक हाथ में देकची और दूसरे में छिपली थी
देकची को हेलमेट की तरह पहन लिया मैंने
और उसने अपने माथे को छिपली से किसी तरह ढँक लिया
फिर हम भाई-बहन
बीछ-बीछकर ओले कुड़कुड़ाने लगे

इसी बीच
सुदूर गंगा से निकलकर आ गए बड़े भैया
और हम दोनों को समेटकर ओसारे पर ले गए
दादी कटहल के गाछ से धीरे-धीरे उतरकर नीचे आई
और अपने मटमैले आँचल से मुझे पोंछने लगी
पिता दूर से ही हमें निर्विकार देखते रहे
उनके देखने में ही निहित था इस जीवन का अर्थ
उसके बाद भैया ने अपनी अटैची से निकालकर हमें बिस्कुट दिये
और उस दुनिया की कहानी सुनाई
जहाँ दिन-रात बारिश होती रहती है

फिर अचानक
बहिन लौट गई अपनी सुरंग में
भैया अपना स्टेथोस्कोप लेकर अशेष दुःख के पास चले गए

और दादी जनेऊ वाली अपनी डलिया, कपास की रुई और तकली के साथ
अपने पसन्दीदा फल के वृक्ष में समा गई

और तब कोने में पड़े माहुर की एक पुरानी शीशी में बन्द
अपनी ओर टुकुर-टुकुर ताकती एक बेचैन स्त्री दिखी मुझे
जिसकी शकल हमसे बहुत मिलती-जुलती थी
और जो पचास बरस पहले
भादो की एक लबालब सुबह में लथपथ भीगी हुई
हमसे बहुत दूर चली गई थी
जिसके बाद
मैं उसकी जघन्य निर्ममता के क़िस्से सुन-सुनकर ही हुआ था बड़ा

लेकिन आज इस एकान्त में
भादो की उस गनगनाती रात में मैं
अग्निबाण की तरह प्रवेश करना चाहता था
और उस स्त्री के असाध्य जीवन की उस वेदना तक पहुँचना चाहता था
जिससे मुक्त होने के लिए उसने
अपनी देह के कई टुकड़ों तक की परवा नहीं की

मेरे प्राण में यह ऐसी कील थी ठुकी हुई
जिस पर पचास बरसों से
लगातार चोट करती हथौड़ी के निशान थे
जिससे पचास बरसों की एक अनाथ अकुलाहट लटक रही थी
जिसे निकालकर मैं आज़ाद हो जाना चाहता था फ़ौरन
इसलिए लपककर मैंने वह शीशी उठाई
पर आश्चर्य
उसमें कोई स्त्री नज़र नहीं आई
पता नहीं वह कहाँ गई
फिर मैंने देखा कि वह शीशी
रंग बदलती हुई मेरी देह बन गई है
और देखते-देखते मैं पपीते के एक गाछ में बदल गया हूँ

बरामदे पर अकेले भीगते हुए
पपीते का यह गाछ यों ही टपकता रहता चुपचाप
अन्दर से उसे यदि पुकार नहीं लिया जाता
घर के भीतर मेरे प्रवेश करते ही पत्नी ने चौंककर देखा—
अरे, इस बारिश में कहाँ चले गए थे तुम?
जीतपुर से आ रहा हूँ—मैंने कहा
तौलिये से मेरा सर पोंछते हुए उसने परेशान होकर पूछा—
तुम रो रहे हो?
नहीं-नहीं, मैंने कहा—ये तो वर्षा की बूँदें हैं

[2021]

यात्राएँ

कुछ है जिसे खोजने किसी-न-किसी बहाने तुम बार-बार वहाँ लौटते हो। दिन में तुम उसके पदचिन्हों की खोज में बेसब्र भटकते हो और रात में उसकी गन्ध का सुराग़ पाने के लिए बेचैन रहते हो। तुम उसे छाया और प्रकाश की ताना-भरनी में टटोलते हो। तुम उसे अपने इर्द-गिर्द आवाज़ों की बहती हुई उर्मियों में टोहते हो और वंचना की चोट खाकर हताश होते हो। तुम वहाँ जाते हो और खीजते हो और आहत होते हो। तुम वहाँ जाते हो और तिलमिलाकर लौट आते हो और तय करते हो कि अब वहाँ कभी नहीं लौटोगे सब कुछ तो बदल चुका है।

सिवाय तुम्हारे नाम के तुम भी बदल चुके हो। घाव का निशान जो कभी तुम्हारी छाती पर था छपा हुआ वह सरककर काँख के नीचे चला आया है और काँच से बनी तुम्हारी नींद का बर्तन भी अब दरक गया है। अगर नहीं बदला है तो सिर्फ़ तुम्हारे आँसू का नमक; और बेशक वे सम्भव-असम्भव यात्राएँ नहीं बदली हैं जिनके स्वप्न तुम्हारे पैर सोते-जागते देखते रहे हैं।

लेकिन यात्राओं की जब भी बात होती है तो उनके दौरान पैदा हुई दुश्वारियों और रोमांच का ही बखान मिलता है और यात्री के चेहरे पीछे छूट जाते हैं, जबकि सचाई यह है कि सिर्फ़ चेहरे बताते हैं कि यात्राएँ कैसी थीं। जो चेहरे अपनी यात्राओं को छुपाने के फ़िराक़ में रहते हैं, दरअसल वे अपने पैरों के साथ विश्वासघात करते हैं और उस उत्कट कामना की घोर अवमानना भी, जिसकी लहर पर सवार होकर वे बार-बार उसी जगह लौटकर जाते हैं।

[2021]

हर फूल एक धमाका है

हर फूल एक धमाका है
क्या पता
किसी भी क्षण
अपनी यह दुनिया रंगों में डूब जाए

[2021]

एक हरा मौन

असल कविता तो है एक पंक्ति में निबद्ध
एक पंक्ति भी नहीं शायद
एक शब्द
नहीं, एक शब्द भी नहीं
एक अंकुरित
मौन

पर पूरे पृष्ठ पर आच्छादित है उसका वृक्ष
उसकी टहनियों से खेलती बयार
उसकी शाखों के घोंसले में चहकते पक्षी
उन पक्षियों के टूटे हुए पंख
और उन पंखों से चिपका गीला आकाश...

अगले पृष्ठ पर उस पेड़ की छाया फैली है
अगले पृष्ठ पर वह छाया उड़ रही है हवा में फरफर
अगले पृष्ठ पर उस फरफराती छाया के नीचे
पचास बरस के एक बच्चे की छाया ठिठकी खड़ी है कब से

अगले पृष्ठ से शायद एक पगडंडी निकल रही है...

[2019]

पुकार

यदि ठीक से पुकारो
तो चीज़ें फिर आ सकती हैं तुम्हारे पास

यह जो अवकाश
तुम्हारे विगत और वर्तमान के बीच
एक मरुथल-सा फैला हुआ है
(तुम्हारे विस्मरण से
तुम्हारा आत्म जो इस तरह मैला हुआ है)
वह कुछ और नहीं
शब्द और अर्थ के बीच का फ़ासला है केवल
विकलता के गहनतम क्षणों में जिसे
एक आरक्त पुकार से किया जा सकता है तय

शर्त सिर्फ़ यह है
कि उसे
आकांक्षा के अन्तिम छोर पर जाकर पुकारा जाय।

एक दिन
जब मैं अपनी भाषा के बन में
खोए हुए एक शब्द के लिए भटक रहा था
यहाँ से वहाँ
और सोच नहीं पा रहा था कि जाऊँ कहाँ
कि अचानक
मेरी काया के असंख्य रन्ध्रों से मुझे चीरती हुई

फ़व्वारे की तरह एक पुकार निकली—
जीतपुर!
और मैंने पाया कि अर्थों से डबडबाया हुआ
पके जामुन की तरह भीगा हुआ एक शब्द
अपने डैने फैलाए हुए
मेरी जिह्वा पर उतर आया है

बल्कि एक और वाक़या है
जब शहर से मैं
छोड़े गए तीर-सा लौट रहा था अपने घर
और भरी हुई स्मृतियों के साथ
सूखी नदी पार कर रहा था—
अपनी आँखें बन्द करते हुए मैंने
मन ही मन ज़ोर से पुकारे बिछुड़े हुए दोस्तों के नाम
कि रेत में खोए हुए जिए हुए क़िस्से तमाम
नाव की चोट की तरह
मेरे घुटनों में कचकने लगे
और मैंने देखा—
धूल उड़ाते शोर मचाते
चालीस बरस पुराने बच्चों को अपने साथ
दौड़कर अपनी ही तरफ़ आते हुए...

अपने अनुभव से जानता हूँ मैं
कि जिस तरह लोग
सिर्फ़ दरवाज़े पर होनेवाली दस्तक को नहीं
ख़ुद अपनी आवाज़ को अनसुना कर देते हैं
चीज़ें उस तरह सुनना बन्द नहीं करतीं
बल्कि वे
हमारी विस्मृति की ओट में बैठी हुईं
हर सच्ची पुकार के लिए उत्कंठित रहती हैं

उनकी अपेक्षा हमसे अगर कुछ है
तो वह यह
कि जब भी पुकारा जाय उन्हें
सही वक़्त पर सही नाम से पुकारा जाय

एक अदृश्य हाथ से भयभीत
रात के दड़बे में छटपटाता हुआ मुर्ग़ा
जब ओस से भीगी हुई धरती को पुकारता है
तो अगले दिन के शोरबे और स्वाद को निरस्त करता हुआ
एक विस्फोट की तरह प्रकट होता है सूर्य

जब कुत्ते की जीभ से
टप-टप चू रहा होता है दोपहर का बुख़ार
तब फटे होंठ, सूखे कंठ और सूनी आँखों की पुकार पर
वृक्षों को हहराती पत्तों का क़ालीन बिछाती धूल की पतंग उड़ाती हुई
एक अद्‌भुत जादूगरनी की तरह प्रकट होती है हवा

जब दु:ख में आकंठ डूबा रहता है तन-मन
जब ख़ुद जीना बन जाता
मृत्यु का तर्पण
तब एक धधकती पुकार ही फिर से सम्भव करती है वह क्षण
जब जीने का मक़सद
मरने के कारण में मिल जाता है

यद्यपि मुझे पता है
कि अपनी बात को प्रमाणित करने के लिए
फ़िलहाल कुछ भी नहीं है मेरे पास
लेकिन मेरे अन्त:करण के जल में झिलमिलाता है
एक छोटा-सा विश्वास
कि जिन्हें हम कहते हैं चीज़ें
और जिनके प्रभामय स्पर्श के लिए मर-मरकर जीते हैं

पुकार हैं वे—
उत्कटता के सघनतम क्षणों में
हमारे रक्त से पैदा हुए असाध्य अर्थों की पुकार

और जिसे हम ईश्वर के नाम से पुकारते हैं बार-बार
वस्तुत: इन्हीं पुकारों का एक विराट समुच्चय है वह
जिसके सुमिरन के लिए लिखी जाती हैं कविताएँ
जिसके आवाहन के लिए किया जाता है प्रेम
जिसे पाने के लिए प्राण दिये जाते हैं

[2006]

यह और वह

एक वह समय था
जब तुम रोते थे तो चाहते थे
पूरी दुनिया को पता चले

एक समय यह है
जब सिर्फ़ दुनिया से नहीं
ख़ुद से भी छुपकर चुपचाप रोते हो तुम

[2021]

मैं किसान का बेटा हूँ

मैं एक किसान का बेटा हूँ
मगर अपने गाँव से बहुत दूर
जुताई करने की नौकरी मिली है मुझे

कक्षाओं में घूम-घूमकर ऐसे पढ़ाता हूँ
जैसे परती खेत में हल चला रहा होऊँ

और मैं बोलता नहीं दरअसल
अपनी भाषा के विशाल पैतृक बखार से
धीरे-धीरे अनाज निकालता हूँ

ये देखिए
बीज हैं मेरे शब्द
अपने जोते हुए खेत में रोज़ मैं इन्हें बोता हूँ

खेत के बारे में सोचे बग़ैर
इस जीवन की मैं कल्पना नहीं कर सकता
और कहता हूँ जीवन
तो शीत, बारिश और धूप में
बैलों के साथ जुतते हुए बड़े भाई मुझे दिखाई पड़ते हैं

जो मेरे पास बैठते हैं वे जानते हैं
कि मेरी देह से हमेशा हरी गन्ध आती है
मेरी साँसों से होकर हरी हवा गुज़रती है साँय-साँय

मेरे शरीर में मेरुदंड की जगह खड़ा है एक छतनार वृक्ष
मेरी जिह्वा पर नाज़ुक घास उगी है
मेरी नसों में बहता है हरा रक्त
लोगों का तो यह भी कहना है
कि चलता हूँ तो मेरे पैरों से हरी आवाज़ आती है

मैं खाने बैठता हूँ
तो पीढ़े के चारों ओर
पानी उपछते मिल जाते हैं गाँव के तमाम लोग
थाली में भात और तरकारी देखते ही
धुएँ में सींझती माँ की भरी आँखें नज़र आती हैं
और कौर उठाता हूँ
तो हज़ार किलोमीटर दूर से भी
फाल की चमक
पिता की आँखों में मुझे परावर्तित होती दिखाई देती है
लेकिन अगले ही क्षण यह चमक
उनके धूसर चेहरे की झुर्रियों में कहीं खो जाती है
और इस देश में उनकी हालत
असंख्य किसानों की निरीहता का मानचित्र बन जाती है
और याद दिलाती है
कि असली लड़ाई अभी बाक़ी है

अभी उसका नाम आलू और टमाटर है
ट्रैक्टर पर लदा हुआ वह चावल-दाल-गेहूँ का बोरा है अभी
अभी ट्रॉली में जमा किया कच्चा केला है वह
अभी वह भरना पर लगी हुई ज़मीन है
अभी वह जेबों में रखी सल्फास की गोलियाँ है
अभी पेड़ से झूलता हुआ शव है वह
दुनिया के सबसे विशाल लोकतंत्र की लाठियों से घायल
सर के फटने से अभी
वह ख़ून का छूटता हुआ फ़व्वारा है

इस फ़व्वारे को मैंने दूध में बदलते देखा है
इस फ़व्वारे को मैंने अन्न में ढलते देखा है
इस फ़व्वारे में मैंने लोहे को पिघलते देखा है

मैं इस फ़व्वारे का वंशज हूँ
इसलिए अपनी कक्षाओं में उपस्थित
समय के प्रत्येक संस्करण को
जोतना-कोड़ना और हथियार चलाना सिखाता हूँ

[2021]

महानगर में चाँद

महानगर में अपने चाँद को देखकर
उस पर रोना आता है मुझे
और शायद उसे भी अच्छा नहीं लगता इस हाल में मुझे पाकर

लगता है
पिछले जनम की बात है यह
जब कातिक की साँझ या बैसाख की रात में
चाँद और मैं
आँगन से दालान
और दालान से आँगन
इस प्रतियोगिता में भागते थे
कि देखें कौन पहुँचता है पहले
और हर बार मैं हार जाता था उससे
क्योंकि उम्र में मुझसे काफ़ी बड़ा था वह

या फिर बाद के वर्षों में
जब मेरी हल्की-हल्की मूँछें निकल आई थीं
और मेरे सीने में अक्सर दुखती हुई शाम
एक उदास आवारगी में लपेटकर मुझे यहाँ-वहाँ चली जाती थी
तब चाँद ही होता था मेरा सहचर
जिसके नर्म कन्धे पर मैं रखता था अपना सर

लेकिन कुछ ही वर्षों बाद
हम दोनों ऐसे बिछड़े

जैसे ब्याह के बाद बिछुड़ती हैं
गाँव की जुड़वाँ बहनें

और उसका समाचार तभी-तभी पाया
जब ग्रहण ने उसे घेरा
जब दु:ख ने उसे खाया

और आज
इतने युगों बाद
जब हम हैं आमने-सामने
तो कातरता से रुँधा है मेरा गला
कुछ कहते बने न कुछ सुनते बने...

महानगर में
गुमशुदा की तलाश में निकले बड़े भाई-सा जर्जर चाँद
चाँद का धूसर विज्ञापन लगता है

बस की खिड़की से बार-बार बाहर झाँकता हुआ मैं
लगता हूँ एक खोए हुए आदमी का विज्ञापन
धरती और आसमान से वंचित
त्रिशंकु की तरह
बीच में
लटका
हुआ
घर
घर का कैसा विज्ञापन लगता है!

[2004]

दो पाटन के बीच

श्रीराम सेंटर के आगे
परिचित पेड़ों के नीचे और मित्रों के बीच
पेवमेंट पर बैठकर चाय पीते हुए बहस करता हूँ
अकादमी की लाइब्रेरी के चक्कर लगाता हूँ जब-तब
'त्रिवेणी' के इर्द-गिर्द रंगों को चहलक़दमी करते देखता हूँ
किसी नाटक के प्रकाश और अन्धकार की वीथियों में चलता हुआ
जीवन के किसी अन्तरीप में रहता हूँ आबद्ध
कि सुदूर गाँव से
धनिया के पत्ते की उठती हुई सुगन्ध मुझे अधीर कर देती है

अपने गाँव में रहता हूँ—
तालाब में पशु की तरह धँसकर नहाता हूँ
मेड़ों पर टहलता फिरता हूँ हरे आदमी की तरह
साइबेरिया के अतिथि पक्षियों के समवेत कलरव के नीचे
रात के मचान पर
स्वाधीन मनुष्य की तरह सोता हूँ
कि सुदूर महानगर के किसी सभागार से
धीरे-धीरे उठता हुआ प्रिय गायक का आलाप
मुझे बेचैन कर देता है

मैं अब क्या करूँ ईश्वर
कि मुझसे दूर
दूसरे किनारे पर ही बँधी रहती है मेरी नाव

[2021]

सुरक्षित हैं गाँव

दिल्ली में किसी रिक्शाचालक से पूछो—
भैया तुम कहाँ के रहनेवाले हो
तो कहता है पटना

रेल के किसी सहयात्री से पूछने पर पता चलता है
कि सज्जन दिल्ली के नागरिक हैं

कपड़े की दूकान पर जो शर्मा जी बैठते हैं
वे भी अपना घर जयपुर बताते हैं

और हमारे बैंक के बड़ा बाबू
तो हमेशा कोलकाता के ही होते हैं

किसी से पूछो आप कहाँ के निवासी हैं
तो कोई नहीं कहता
कि त्रिवेणीगंज से तीन कोस दच्छिन
एक गाँव का नाम है जीतपुर
वहीं मेरा घर है
जहाँ पहुँचने के लिए कभी
एक चौड़ी नदी को पार करना पड़ना था
या नाव न हो तो धरिया भी उतारना पड़ता था

आज सभी कहते हैं
वे राजधानियों में रहते हैं

एक अजीब अंधड़ है
जिसमें उजड़ रहे हैं गाँव
उनके नाम उड़ रहे हैं
उनके निशान मिट रहे हैं

अपना प्यारा देश राजधानियों तक सीमित है अब
महानगर के इम्पोरियम में सुरक्षित हैं गाँव

[2021]

सत्य

सत्य को पसन्द नहीं
सचाई से बाहर की कोई ताक़त
इसलिए वह
सताए हुओं के साथ रहता है

[2021]

फिर से

जैसे पिंजड़े में चक्कर काटता है बाघ
मैं वैसे ही चक्कर काटता हूँ
इस शरीर में

बाहर जितना अँधेरा है
इसके भीतर
उससे कहीं ज्यादा गाढ़ा है अन्धकार

चाहे जितनी कोमलता से उठाऊँ एक शब्द
चाहे जितनी ममता से कहूँ
या लिखूँ फूल
दृश्य में आते-आते उसकी पंखुड़ियाँ मुरझा जाती हैं
और बाहर आने की हर कोशिश
अन्ततः एक दुर्घटना साबित होती है

ये टूटे-फूटे अटपटे शब्द
ये अधूरे वाक्य
ये विघटित अर्थ
एक-दूसरे से दूर जाती हुई ये पंक्तियाँ
दरअसल पदचिह्न हैं मेरी छटपटाहट के

अपनी मुक्ति के लिए यों
सेंध लगाने की कोशिश में रहता हूँ हमेशा
लेकिन यह जो है

चिर जाग्रत ख़तरनाक भाषा
कलाई पकड़कर मेरी मरोड़ देती है
मेरे हरेक प्रयत्न को पानी की तरह निचोड़ देती है

और मैं फिर से भरने लगता हूँ
फिर से बाहर आने की इच्छा से उमड़ने लगता हूँ
फिर से अभिव्यक्ति के दरवाज़े पर दस्तक देता हूँ
फिर से अर्थ की सत्ता से निर्वासित होता हूँ

[2004]

उसका रोना

वह बाहर जाती है तब भी रोती है
वह भीतर रहती है तब भी रोती है

वह प्रेम में हो तब भी रोती है
वह प्रतिशोध में हो तब भी रोती है

वह धोखा देती है तब भी रोती है
वह धोखा खाती है तब भी रोती है

वह सुख में हो तब भी रोती है
वह दुख में हो तब भी रोती है

उसका रोना तिल-तिलकर जीना है
उसका जीना तिल-तिलकर रोना है

उसका रोना धर्म
उसका रोना राजनीति
उसका रोना संस्कृति

[2021]

प्रतिशोध

समय भी प्रतिशोध लेता है

धीरे-धीरे वह खींच लेता है
आदमी की त्वचा से अपनी चादर
उसकी धमनियों में प्रवाहित आकाश को वह
धीरे-धीरे सिकोड़ देता है
धीरे-धीरे वह उतारता है आदमी के छिलके
धीरे-धीरे वह उसके ज़हर को निचोड़ देता है
धीरे-धीरे पत्रहीन होता जाता है मनुष्य
और एक दिन वह ऐसा निर्जन घाट बन जाता है
जहाँ भटककर ही कभी कोई आता है

इसीलिए कहता हूँ
अपने दुश्मनों से प्रतिशोध भी लेना हो अगर
तो उनके शतायु होने की ही कामना करो

[2021]

नादान मछलियाँ

मूसलाधार हुई है बारिश
कच्ची सड़क को
लाँघकर
पानी पोखर में कब से गिर रहा है

पानी की धार पर
अपने पंखों से सान चढ़ातीं बावरी मछलियाँ
ऊपर कहीं भागी जा रहीं लगातार...

अरी नादान मछलियो
अपनी स्मृतियों पर कुछ यक़ीन करो
तुम तो समझो ऊँचाई और गहराई में फ़र्क़!

[2019]

बेटी चिड़िया

नहीं-नहीं
चिड़ियों की तरह नहीं
ख़ुद एक ख़ास क़िस्म की चिड़िया होती हैं बेटियाँ
जो निरन्तर अपने कलरव से
किराए के दो कमरों को भी विहगारण्य बना देती हैं

मेरी बेटी
यानी मेरी लिखित-अलिखित कविताओं का सबसे सुन्दर संग्रह
जब मेरी गोद में मचलती है
जब गर्दन पकड़कर झूलती है
जब मेरी पीठ को सीढ़ी बनाती हुई
उछलकर चढ़ जाती है किसी अदृश्य शिखर पर
तब कहीं मुझे पता चलता है
कि एक विशेष प्रजाति का वृक्ष हूँ मैं

वह मुझे देखकर मुस्कराती है
तो मैं हरियाली से भर जाता हूँ आपादमस्तक
वह खिलखिलाती है
तो मैं सफ़ेद फूलों से लद जाता हूँ
वह बोलती है हबर-हबर
तो मैं हवा की सरसराहट में निबद्ध हो जाता हूँ
और वह रो पड़ती है अगर
तो मैं जैसे पतझड़

अर्चू कहती है मुझसे अक्सर—
कैसे जियोगे तुम
चली जाएगी तुम्हारी बेटी तुमसे दूर अगर!

दूर किधर?
तुनककर मैं जवाब देता हूँ
विवश होकर फिर देखता हूँ—
एक नन्ही तुतलाहट को अपनी गोद से उतरकर
ज़मीन पर चलती-दौड़ती बड़ी होती स्त्री बनती
और एक अनजान दुनिया में प्रवेश करती मुझसे दूर जाती हुई...

[2021]

पर्यटन

इतनी तेज़ रफ़्तार से चल रही यह दुनिया
इतनी जल्दी-जल्दी
अपने रंग बदल रही यह दुनिया
कि सुबह जगने के बाद
पिछली रात का सोना भी
लगता है समय की पटरी से उतर जाना

रोज़ दिनारम्भ से पहले
न किसी से कुछ कहना न किसी की सुनना
एक कप चाय के सहारे
घंटा-आधा घंटा मेरा चुप रहना
बेतहाशा भागती इस दुनिया के साथ
एक कामचलाऊ रिश्ता बनाने के प्रयास हैं मात्र

यों मैं जानता हूँ
कि मेरी गाड़ी छूट चुकी है पिछली रात को ही
मुझे पता है कि मेरे लिए कोई आरक्षित सीट नहीं
पर आदतन फिर भी
रोज़ सुबह के स्टेशन पर खड़ा होकर
मैं करता हूँ उसकी प्रतीक्षा

रोज़-रोज़ की यह प्रतीक्षा
मेरे घर से शहर की ओर जानेवाली एक बैलगाड़ी का नाम है
जिस पर मैं अपने बाल-बच्चे, कपड़ा-बिस्तर, बर्तन-बासन
लस्टम-पस्टम के साथ सवार होकर
जीवन के पर्यटन पर निकला हूँ।

[2006]

भाषा

यह सच है कि वह तुम्हारे रक्त, अस्थियों और हृदय की माँद से निकलकर बाहर आती है, मगर उस पर ज़्यादा यक़ीन करना एक बेहद ख़तरनाक इलाक़े में प्रवेश करना है। वह जितनी तुम्हारी अपनी है उतनी ही परायी भी। वह जितना तुम्हारे इरादे में रहती है उतना ही दूसरों के अभिप्राय में निवास करती है। तुम जितना कहते हो वह उतना ही नहीं सुनती। अपनी यात्राओं में हासिल तमाम अनुभवों की वर्णनातीत झिलमिलाहटों को वह अपनी आत्मा में बचाए रखती है, और जब तुम उसके निकट जाते हो, उसे छूते हो, अपने हिलकोर को उसे समर्पित करते हो, वह संकलित स्मृतियों की गूँज और छायाओं को तुम्हारे जल में उड़ेल देती है। अपनी गहराई एवं प्राचीनता के धूसर आलोक को बरक़रार रखने और अपने बरतनेवालों के हृदय के अनुरणन को उनके पुरखों से मिलाने का यह उसका अपना तरीक़ा है। तुम जो कहते हो पर कुछ और सुन लिये जाते हो, तुम जो कुछ लिखते हो पर कुछ और समझ लिये जाते हो, वह भाषा का ऐसा अपरिहार्य कर है, जिसे तुम्हारे साथ-साथ उन सबको चुकाना है जिन्हें उसका अलौकिक वरदान मिला है।

[2021]

440 वोल्ट

ज़मीन से कुछ फ़ीट ऊपर और सूरज-चाँद-सितारों के कुछ नज़दीक उसका बसेरा है। उसके घर में यथार्थ के खूँटे लगे हैं जिन पर कल्पनाओं की मज़बूत शहतीरें डाली गई हैं ताकि वे मौन के भारी-भरकम छप्पर का वज़न ठीक से उठा सकें। उसके आकाश में स्मृति और आकांक्षा की निरन्तर लहर उठती है जिसके कारण तारों की उजली धूल उसकी बरौनियों पर लगातार झरती रहती है। इस बात से सभी वाक़िफ़ हैं कि उसकी जिह्वा पर दिन में भी ओस की फुहार पड़ती है। नीले आकाश की वह ऐसी क़मीज़ पहनता है जिसकी सिलाई किरणों के धागे से की जाती है और जिसमें शंख के बटन लगे होते हैं। हिन्द महासागर में उसके नाम का पत्थर किसी भी पूर्णिमा की रात को तैरते देखा जा सकता है। उसे अगर सबसे सटीक नाम से पुकारना हो तो बिजली के खम्भों पर तना और झूलता हुआ तार कह सकते हैं, जिसकी नियंत्रित आग में तुम अपने असाध्य जीवन के आलोक को चख सकते हो। उसकी नज़दीकियाँ आधी रात को भी तुम्हें दूर से पुकार सकती हैं लेकिन यह बात भूलने की नहीं कि उसका घरेलू नाम है 440 वोल्ट।

[2021]

रचना सामग्री

इतने ब्रह्मांड
इतने सूर्य
इतने चन्दा-तारे
इतनी आकाशगंगाएँ
इतने ग्रह-उपग्रह
उनकी कक्षाएँ इतनी
ऐसा अनादि अनन्त आसमान
उल्का पिंड इतने-इतने

इतनी नदियाँ
इतने समुद्र
पर्वत इतने
इतने रेगिस्तान
इतनी अग्नि
इतनी बर्फ़
इतने झंझावात
और इतने प्रपात

इतने वृक्ष
वनस्पतियाँ इतनी
इतनी लताएँ
इतने गुल्म
पुष्प इतने
इतनी गन्ध-सुगन्ध

इतने जीव
मनुष्य इतने
इतने पशु-पक्षी
इतने सरीसृप
उभयचर इतने
इतने कीट-पतंग

इतनी पीड़ा
इतने सुख
ग्रन्थियाँ इतनी
इतने दु:ख
इतने प्रेम
अकेलापन इतना
इतने योग-वियोग...

कविता का है मुझे भी रोग
इसलिए जानता हूँ
कि ये सब तुम्हारी रचना-सामग्री है

परन्तु मित्र
कविता के लिए
चाहिए कितना बड़ा काल-पत्र तुम्हें
और कितने मन्वन्तर के बाद पूरी होगी तुम्हारी यह रचना!

[2021]

बोद्धारो मत्सरग्रस्ताः

...और यह सच है
कि किसी ने कविता लिखने के लिए
बाध्य नहीं किया था तुम्हें

न ही किसी नागरिकता का तक़ाज़ा था यह

कविता लिखे बग़ैर भी
बना जा सकता था आदर्श नागरिक

शिक्षा के राजनीतिकरण या राजनीति के अपराधीकरण पर
किया जा सकता था चिन्तन-मनन
समय-समय पर
युवकों में बढ़ती हुई अराजकता जैसे विषयों पर
विचार-गोष्ठी आयोजित करवाई जा सकती थी
या सहकारी प्रयास से
गली की नाली साफ़ करवाई जा सकती थी
और किसी भी तरह कम महत्त्वपूर्ण नहीं होता यह

लेकिन ऐसा कुछ करने के बजाय
तुमने चुना लिखना
ख़ुद को तहस-नहस कर
उसमें दुनिया को देखना

कभी-कभी तो एक पत्ती का झरना भी
तुम्हारे अन्तर्जल को हिला देता है
कभी एक अवांछित दृश्य
तुम्हारी उम्मीद को मोम-सा पिघला देता है

कभी औरों की विचलित हँसी के पीछे
अपनी ही अकिंचनता
और कातरता को हकलाते देख लेते हो
और कभी चट्टान पर अंकुरित पौधे को देख तुम्हें लगता है
कि बीज की ही तरह आह्लाद से फटनेवाले हो...

फिर क़लम की नोक पर संयोजित करना इनको
उस संयोजन की फिर पुनर्रचना
वांछित मर्म के लिए
एक-एक शब्द के आगे याचना
और फिर उस मौन की पूजा-अर्चना

लेकिन यही तो है
जिसने दिया है तुम्हारे जीवन को एक अर्थ
ख़ुद को बार-बार खँगाले बग़ैर
हो जाते तुम व्यर्थ

ख़ासकर यह कविता तो
अपनी मनोव्यथा
और अकेलेपन के अरण्य से बाहर आने की
ऐसी व्यग्रता में लिखी थी तुमने
कि इसे पूरी करने के बाद
उस रात तुम्हें लगा था
जैसे बुख़ार में जलते अपने बच्चे के लिए
बाज़ार से दवा और सन्तरा लेकर घर लौटे हो

लेकिन अब
अपनी उस प्रकाशित कविता के पन्ने से बने ठोंगे में
दूकान से सामान लेकर घर लौटते हुए
तुम पहली बार समझ पाए हो
कविता की सामाजिक उपयोगिता
भर्तृहरि की छाती में सदियों से जमा वह हिम-विषाद
और अपने युग में मनुष्य की सुगन्ध का भविष्य!

[2005]

इस जीवन में

तुम्हें देखकर ही लगता है
कि बहुत आहत हुए हो

हमेशा की तरह
अपमान की एक और लहर
पिछले अनगिनत अपमानों के ज़हर के साथ
एक बार फिर निगल रही है तुम्हें
और एक बार फिर
अपनी अटल पीड़ा में असहाय
हतप्रभ और अवाक् हो तुम

यद्यपि तुम जानते हो
कि यह
पहली घटना नहीं है तुम्हारे जीवन में
और न ही अन्तिम होगी यह
फिर भी तुम्हें एक उम्मीद है ख़ुद से
कि इस जीवन में अपने झरझर दु:ख से
कुछ ऐसा रचोगे
कि ख़त्म होने के बाद भी बचोगे
और अन्तत: साबित कर दोगे ख़ुद को
(जैसे ख़ुद को साबित करना
प्रतिशोध का कोई नया तरीक़ा हो)

वैसे तुम्हें पता है
कि कविता की रणभूमि में ख़ुद को साबित करने का मतलब है
अपनी एक-एक परत को तब तक उतारते जाना
जब तक त्वचाविहीन शरीर पर
रक्त की बूँदें ही न छलछला आएँ
और शेष रह जाए
इस उत्तप्त हृदय का विसर्जित होना

लेकिन यह तुमसे बेहतर और कौन जानता है
कि छोटी से छोटी चीज़ को
उसके असली नाम से पुकारने की ज़िद में
एक आदिम शब्द की आहट के लिए
तुम ऐसे रहते हो उत्कर्ण
जैसे कोई भूखा मछुआरा
जलाशय में बंसी डालकर
पहरों सामने टुकुर-टुकुर ताकता रहता है...

इसलिए
अपने युग के बारे में सोचते हुए
तन्दूर के ऊपर
सलाख़ों में झूलते हुए जो मुर्ग़े का बिम्ब
बार-बार तुम्हारे भीतर आता है उभरकर
वह तुम्हारी चेतना पर बाज़ार का हमला नहीं है
बल्कि इतना अन्तरंग
और इतना दुर्निवार अंश है तुम्हारा वह
जिसे थोड़ा काव्यात्मक बनाकर
तुम अपना रूपक भी नहीं कह सकते

[2003]

सुभाषित

जीवन हो या साहित्य
हर जगह फ़ार्मूले का बोलबाला है
जिसके पास सबसे कम सामग्री है
सबसे भारी उसका थैला है

[2007]

कहाँ जाते हैं दुःख

आख़िर कहाँ जाते हैं उनके दुःख
जो दुःख के कारण कहीं और चले जाते हैं

शायद वे रहते हैं अधजली लकड़ी में
और छुतहे बर्तन में
वे रहते हैं कौओं की कर्कश आवाज़ में
और पिंडदान में
वे रहते हैं हमारे विलम्बित विलाप में और श्मशान में

कुछ दिनों के लिए
वे रहते हैं तारपीन तेल की मन्थर गन्ध में
या एक ख़ालीपन को भरने के लिए जलाए गए
धूप की भुतहा सुगन्ध में

कुछ समय तक वे
ताख पर
डिबिया की ओट में घात लगाए बैठे रहते हैं
गिरगिट बनकर
या नहीं तो भीत पर कालिख का भेस धरकर जम जाते हैं

कभी वे रसोईघर की साँकल की खड़खड़ाहट बन जाते हैं
तो कभी देर रात को
करैत की तरह शहतीर से नीचे लटक आते हैं

कभी वे पालतू पशुओं की काया में छुप जाते हैं
और अपनी भूखी आँखों से
ओसारे से या ओलती से या आँगन के किसी कोने से
हमें निहारते हैं टुकुर-टुकुर

कभी-कभी वे हमारी नीरवता के बंजर पठार पर
केले के पात से टपकते ओस-बूँद की तरह
टप-टप चूते हैं

तो कभी एकत्रित होकर विधुर पतझड़ बन जाते हैं
और सूखे पत्ते के लिबास में
यहाँ-वहाँ उड़कर
जाने किन-किनके दरवाज़े खटखटाते हैं

एक दिन
वे पानी में घुल जाते हैं
हवा में मिल जाते हैं
टहनियों पर खिल जाते हैं

धीरे-धीरे हो जाते वे इतने अन्तरंग
इतने अभिन्न ऐसे सहचर
कि लाख शिकायतों के बावजूद
देखकर उन्हें हम दूर से ही पिघल जाते हैं

[2019]

ग़लत पते पर

तो आज फिर तुम
ग़लत ठिकाने पर अड्डा जमाने चले आए
ओ भाई दु:ख!

....
....

तो आओ
अपने शब्दों से बींधकर तुमको
मैं पुन: अर्जित करता हूँ
तुमसे बड़ा सुख

[2016]

बनारस

सारे रास्ते यहाँ
घाट की ओर जाते हैं
तय तुम्हें करना है
कि किस घाट तुम्हें लगना है

[2021]

हिजड़े

वे रेगिस्तान की बाँबियों से निकलकर आते हैं
या बाँस के फूलने से पैदा होते हैं
वे हमारी नृशंसताओं की कार्यशाला में जन्म लेते हैं
या अवांछित प्रजनन की राख में पलते हैं
वे किसी गुमनाम नक्षत्र से निष्कासित भटके हुए अनाथ प्राणी हैं
या मानवता के परिसर से बाहर घटित कोई अज्ञात अनुभव?

कितना मुश्किल है कहना कि वे कहाँ से आते हैं!

ख़ुद जिन्होंने पैदा किया उन्हें
ठीक से तो वे भी नहीं जानते उनके बारे में
ज़्यादा से ज़्यादा
कुछ उत्तप्त क्षणों की स्मृतियाँ हैं उनके पास
जिनकी लताएँ फैली हुई हैं
उनकी असंख्य रातों में

लेकिन अब
जबकि एक अप्रत्याशित विस्फोट की तरह
वे क्षण बिखरे पड़े हैं उनके सामने
जानकर यह हतप्रभ और अवाक् हैं वे
कि उनके प्रेम का परिणाम इतना भयानक हो सकता है

लेकिन यह कौन कह सकता है
कि सचमुच उनके वे क्षण थे
प्रणति और प्रेम के?

कहीं उनके पिताओं ने
पराजय और ग्लानि के किसी ख़ास क्षण में तो नहीं किया था
उनकी माँओं का संसर्ग?

उनकी माँओं की ठिठुरती आत्मा ने
कपड़े की तरह अपने जिस्म को उतारकर कहीं
अपने-अपने अनचाहे मर्दों को तो नहीं कर दिया था सुपुर्द?

उनके जन्म से भी पहले
गर्भ में ही किसी ने तो नहीं कर लिया उनके जीवन का आखेट?

2

वासना की एक विराट गंगा बहती है इस धरती पर
जिसकी शीतलता से तिरस्कृत वे
अपने रेत में खड़े-खड़े
सूखे ताड़-वृक्ष की तरह अनवरत झरझराते रहते हैं

सन्तूर के स्वर जैसा ही
उनके चारों ओर
अनुराग की एक भीनी वर्षा होती है निरन्तर
जिसमें भीगने की कोशिश में
वे और कातर और निरीह होते जाते हैं

अन्तरंगता के सारे शब्द
और सभी दृश्य
बार-बार उन्हें एक ही निष्कर्ष पर लाते हैं
कि जो कुछ उनकी समझ में नहीं आता
यह दुनिया शायद उसी को कहती है प्यार

लेकिन यह प्यार है क्या?

क्या वह बर्फ़ की तरह ठंडा होता है?
या होता है आग की तरह गर्म?
क्या वह समन्दर की तरह गहरा होता है?
या होता है आकाश की तरह अनन्त?
क्या वह कोई विस्फोट है
जिसके बेआवाज़ धमाके में आदमी थरथराता है?
क्या प्यार कोई स्फोट है
जिसे कोई-कोई ही सुन पाता है?

इस तरह का हरेक प्रश्न
एक भारी पत्थर है उनकी गर्दन से बँधा हुआ
इस तरह का हरेक क्षण ऐसी भीषण दुर्घटना है
कि उनकी गालियों और तालियों से भी उड़ते हैं ख़ून के छींटे

और यह जो गाते-बजाते ऊधम मचाते
हर चौक-चौराहे पर
वे उठा लेते हैं अपने कपड़े ऊपर
दरअसल वह उनकी अभद्रता नहीं
उस ईश्वर से प्रतिशोध लेने का उनका अपना एक तरीक़ा है
जिसने उन्हें बनाया है
या फिर नहीं बनाया।

[1999]

तुम उसे अब नहीं रोक सकते

...इसलिए
कुछ आगे बढ़कर
तुम अगर उसे रास्ता दे नहीं सकते
तो कम-से-कम उसके रास्ते से हट जाओ

इतने युगों से अपने यातनाघर में बन्द
अन्ततः जान गई है वह
कि चूल्हा बनने में निहित नहीं है उसकी सार्थकता
इसलिए उसकी देह पर अब तुम
अपनी इच्छाओं को और पका नहीं सकते

सदियों से अपने पदचिह्न में अनवरत भटकते हुए
अन्ततः पता चल ही गया है उसे
कि तुम्हारी बनाई तमाम नैतिकता
उसे शिकार बनाने का शास्त्र-सम्मत तरीक़ा है सिर्फ़
इसलिए उसके निर्विकल्प समर्पण और सुन्दरता को
हिरण की खाल की तरह
अब तुम अपनी बैठक में सजा नहीं सकते

बेशक किसी और ने नहीं
ख़ुद को पहचानने की स्वयं उसके दुखों ने दी है
उसे दृष्टि
कि पलंग के नीचे या टेबल पर गिलास में रखे हुए पानी

और उसकी नियति के बीच
धरती और आसमान का अन्तर है
इसलिए अब किसी भी क्षण
गटगट पीकर उसे तुम अपनी प्यास बुझा नहीं सकते

यों यह सच है
कि उसके भीतर एक विराट सरोवर है
और यह भी कि उसकी प्रकृति में ही शुमार है विसर्जन
लेकिन इससे अलग भी है उसकी दुनिया
इसके परे भी है उसका जीवन

तुम्हारी अनिच्छा के बावजूद
खिड़कियों को भड़भड़ाती हुई बाहर की हवा
पहुँच गई है भीतर
फूल और वनस्पति की ख़ुशबू ओढ़कर
मार्च महीने का आकाश उसके मस्तिष्क में छा गया है
उसके सीने में दिशाओं ने बना लिये हैं अपने घर
और उसके अभिशप्त घर के परित्यक्त शंख से निरन्तर
सागर पुकार रहा है उसे
तुम उसे अब नहीं रोक सकते

पूजाघर से उठनेवाली सुगन्ध की तरह
या एक अदृश्य धागे के सहारे एक अनिश्चित पथ पर अग्रसर
शास्त्रीय संगीत के आलाप की तरह नहीं
इस धरती पर होनेवाली सबसे पहली चीख़ की तरह
वह
घर से
निकल रही है बाहर

बल्कि वह बाहर निकल चुकी है

देखो—
उसकी भाषा बदल गई है
उसके कपड़े बदल गए हैं
भंगिमाएँ भी बदल गई हैं उसकी
कल जिस बात को सुनते हुए उसकी आँखें झुक जाती थीं
आज उसे कहते हुए उसकी आँखें चमक रही हैं

यों अब भी उसके पीछे
दर्द की रेखा-सा खिंचा एक सन्नाटा है
और आगे है मँडराती एक बेअन्त सनसनाहट
पर दोनों को झंकृत करती हुई
शताब्दियों से दमित उसकी दुर्निवार इच्छाएँ हैं
जो अब बौर की तरह उसकी बाँहों से भी फूट रही हैं

कहना चाहिए कि उफनती हुई नदी है वह
और उसकी हसरत
इत्मीनान के परिदृश्य को तहस-नहस करते हुए
अपने आग़ोश में सब कुछ को भरते हुए
उस आबदार तिलिस्म में उमड़कर डूब जाना है
जिसका एक नाम है समन्दर

[2004]

वे तीन

ढेर सारे शब्द हैं उसके पास
एवं घटना
अथवा दुर्घटना को
जीवन्त तथा प्रामाणिक बनाने के लिए
उसके पास उतनी ही चित्रात्मक और मुहावरेदार भाषा है
जितनी यह दुर्लभ समझ
कि सिर्फ़ वह जानता है कि हक़ीक़त क्या है

दूसरे के पास
ख़ून में लिथड़ा चेहरा
और एक अटूट थरथराहट के सिवा
कहने को कुछ भी शेष नहीं है
या तो जान बचाने में कट गई है उसकी जीभ
या वह बताने के क़ाबिल ही न रहे
इसलिए काट ली गई है

जिसने सबसे निकट से जाना इस बर्बरता को
उसे ज्यों का त्यों बताने के लिए
अब हमारे बीच नहीं है

[2004]

अन्तर्विरोध

अपने इस छोटे से जीवन में
इतने प्रतिभाशाली इतने योग्य इतने सच्चे लोगों को
सड़क पर धूल फाँकते
और दर-ब-दर भटकते देखा है

और दूसरी तरफ़
इतने लिजलिजे इतने धूर्त ऐसे फिसड्डियों को
सफलता के मंच पर मटकते देखा है
कि लगता है
हमारे समय में
विफलता ही योग्यता की सबसे बड़ी कसौटी है

[2004]

रोटी और तिब्बत

(दलाई लामा के लिए)

अपनी थाली में
रोटी की तरफ़ जब भी देखता हूँ
एक सुलगते प्रश्न की तरह
हठात
मेरे सामने आकर खड़ा हो जाता है तिब्बत

खाते हुए
जब भी तिब्बत की याद आती है
तो न जाने क्यों
मेरी थाली की रोटियाँ
ज़िबह किये गए याक में बदल जाती हैं

पता नहीं
मेरी रोटी और तिब्बत के बीच
यह कैसा रिश्ता है

[2016]

डर

यह 2018 का भारत है
या गोविन्द निहलानी की किसी फ़िल्म का दृश्य!

फ़ेसबुक पर
56 इंच के सीने से सम्बन्धित एक कार्टून चल रहा है
जिसका दमित आनन्द लेते हुए मैं
नीचे
हास्य का इमोजी लगाता हूँ
और आगे बढ़ जाता हूँ

फिर लौटकर आता हूँ तुरन्त
और उसे
लाइक में बदल देता हूँ

आगे बढ़ते हुए
अलग-अलग पोस्ट पढ़ते हुए सोचता हूँ
मेरा भी एक परिवार है
और बेटी स्कूल जाती है अकेली
पत्नी भी कई बार अकेली जाती है बाज़ार
और ख़ुद मैं अक्सर रात को अकेले घर लौटता हूँ

खोजकर निकालता हूँ कार्टून
और लाइक को समेटकर
डेटा ऑफ़ कर लेता हूँ

[2019]

मेरा डर

अपनी कविताओं में अब
या तो चाँद को बुलाऊँगा
या तारों को

चाँद और तारों को
ग़लती से अगर बिठा भी दिया साथ-साथ
तो उन्हें कभी नहीं लाऊँगा
हरे रंग के पास

मुझे डर है
चाँद और तारे और हरे रंग का संयोजन
पहुँचा न दे मुझे
देशद्रोह की सरहद तक

फ़िलहाल तो मैं जीवित रह लूँ
चाहे न हो कविता में बरकत

[2016]

पागल

ज्यों-ज्यों शहर की चमक बढ़ रही है
त्यों-त्यों पागलों की आबादी बढ़ रही है

पागलों की आबादी
कहीं सूचकांक तो नहीं हमारी प्रगति का

पता नहीं
एक विकासशील देश को विकसित राष्ट्र बनने में
कितने पागलों की ज़रूरत होती होगी

यह भी पता नहीं
कि मुनिरका में अग्रवाल स्वीट्स के सामने
एक पागल
अक्सर किस पर फेंकता है पत्थर
और बार-बार पलटकर किस पर थूकता है

उस दिन
हयात के सामने
रिंग रोड पार करते हुए जो देखा था तुमने
एक पागल को खुलेआम हस्तमैथुन करते हुए
क्या तुम्हें नहीं लगा
कि वह किसी राजनीतिक कार्रवाई में संलग्न है!

[2019]

प्रकार

एक पागल वह है
जो ख़ुद अपने गाल पर जब-तब जड़ता है थप्पड़
और फिर रोने लगता यह सोचकर
कि किसी ने उसकी पिटाई कर दी है

एक दूसरा पागल है
जो पानी के छोटे-छोटे चहबच्चे में
फेंकता रहता है पत्थर
और डरता है
कि पानी शिकायत लेकर कहीं पहुँच न जाए उसके घर

तीसरा पागल है एक
जो गीले बालू से घरौंदे बनाता रहता है नदी-तट पर
और बार-बार उन्हें उजाड़ देता है
बीच-बीच में देखता है ऊपर
और नीचे हाथ से कुछ बुहार देता है

एक चौथा पागल है
जो दिन-भर ढलान पर
नीचे से ऊपर और ऊपर से नीचे दौड़ता है अनवरत
थकता है तो ढेर हो जाता है
और होश में आता है
तो दौड़ने लगता फिर से उसी तरह वह

एक और पागल है
जो दिन में 25 बार बदलता है कपड़े
और घोषित करता है ख़ुद को चुना हुआ बादशाह
कलाइयों में बाँधकर घुँघरू
इतिहास के पन्नों पर नाचते हुए वायुत्याग करता है
और मंत्रालयों से मूत्रालयों तक
अपनी तसवीरें लगाने के देता है आदेश

[2019]

कहीं आप भी तो नहीं

आपके भी चेहरे पर नहीं है शर्म
आपकी भी आँखों में बेचैनी नहीं
आपके भी लहजे में लाचारी नहीं कहीं
इन सब में कहीं आप भी तो शामिल नहीं

[2019]

नाम तो उसका जाफ़र है

डॉक्साब, नाम तो उसका जाफ़र है
लेकिन इतना विनम्र
और इतना तेजस्वी है लड़का
कि लगता ही नहीं वह जाफ़र है

कहीं भी देख ले
आकर सबसे पहले चरण-स्पर्श करता है
और मांस-मछली के भक्षण की बात तो जाने दीजिए
कहता है कि अंडे से भी बास आती है

और सर्वाधिक आश्चर्य की बात तो ये सुनिए
अपने प्रस्तावित शोधोपाधि के लिए जो विषय चुना है उसने
वह कबीर या रसखान या जायसी नहीं
बल्कि अपने बाबा तुलसी हैं

...जी-जी हाँ...
बिलकुल ठीक कहा आपने
कमल तो सदैव कीचड़ में ही खिलता है

[2007]

और ग़ुलामी कितनी जल्दी लौट आई है

आज़ादी हासिल किए कितना कम समय बीता है
और ग़ुलामी कितनी जल्दी लौट आई है

अकेले में
कैसे टूटकर रोते हो अपनी मातृभाषा में तुम
और फिर किस तरह
उसके वृन्त पर खिलकर कभी
कार्तिक शुक्लपक्ष के चाँद बन जाते हो
पर किसी दफ़्तर में प्रवेश करते ही
कितनी कातर और लाचार हो जाती है तुम्हारी भाषा

एक सम्पूर्ण प्रभुत्व-सम्पन्न गणराज्य के नागरिक होने के नाते
अपनी आवंटित पराजय में सुलगते हुए
ऐसे स्कूल में बच्चों को दाख़िला दिलवाते हो—
दिलवा नहीं पाते अगर
तो सपना देखते हो उसका—
जहाँ कंठ-लंगोट के बिना मुमकिन नहीं है शिक्षा

एक नंगे फ़कीर के रक्त से प्रकाशित सच को जानने के लिए
कितना अपरिहार्य बन गई वह संस्कृति
जिससे लड़कर कभी यह सम्पत्ति अर्जित की गई थी

भारत छोड़ो आन्दोलन
1942 के रक्ताभ संकल्प से उछलकर

इक्कीसवीं सदी के दूसरे दशक में जब
रिप्ड जींस पहने और हाथ में पासपोर्ट लिये
रॉकस्टार की तरह करता है राष्ट्र-भक्ति के शो में प्रवेश
तब तुम्हारा अर्द्धपराजित चेहरा
अन्तत: कितना गद्‌गद होता है

इसी बीच
विश्वस्त सूत्रों से ज्ञात होता है तुम्हें
कि अमेरिका ही है हमारा सबसे बड़ा तीर्थस्थल
उसके झंडे की चड्‌ढी चढ़ाकर पड़ोसी पर जब-तब टूट पड़ो
तो अलौकिक पुण्य प्राप्त होता है

एक तीर्थ-लोलुप राष्ट्र का प्रधान सेवक
अपनी हिनहिनाती महत्त्वाकांक्षा पर सवार होकर जब
जन-जन की बात करने के बजाय
करने लगता है सिर्फ़ अपने मन की बात
तब ताबड़तोड़ ताली ठोंकने के लिए कब से बैठी अधीर प्रजा
दुनिया के सबसे बड़े लोकतंत्र के प्रांगण में
क़तारबद्ध मृतकों को हिक़ारत से देखती है यह सोचते हुए—
कि आज़ादी के 70 वर्षों बाद
पहली बार तो इस देश में नवजागरण आनेवाला है
और इन राष्ट्रद्रोहियों ने इसी वक़्त यह खेल खेला है!

[2019]

2020

वे दिल्ली में घूम रहे हैं
आपके बगलवाली मेज़ पर चाय पी रहे हैं
मेट्रो में बैठे हैं वे आपसे सटकर
और ईयरफ़ोन लगाकर सुन रहे हैं अपने पसन्दीदा गीत

वे दिल्ली हाट जा रहे हैं वे दफ़्तर से आ रहे हैं
अस्पतालों के वे लगा रहे हैं चक्कर

मरने से बचने के लिए जहाँ
जीवितों ने मृतकों के कपड़े पहन लिये हैं
वहीं
मारे गए तमाम लोग
थोड़ा और जीने के लिए जीवितों की आँख में छुप गए हैं।

[2021]

दिल्ली में मृतक

जो भी नाम हो उसका
जो भी उम्र हो उसकी
जो भी हो उसका धर्म
वह अपनी देह से अब निकल चुका है बाहर
और चुपचाप खड़ा होकर देख रहा वहीं पर—
ईंट-पत्थरों के बीच अपनी देह को सड़क पर गिरे हुए

जो भी नाम हो उसका
जो भी उम्र हो उसकी
जो भी हो उसका धर्म
वह तीर की तरह सनसनाता हुआ आता है
और औंधे गिरे हुए शव को दनादन छुरा घोंपने लगता है

देह के बाहर जो जीवित खड़ा है वहाँ
वेदना से वह देखता
देह के भीतर आदमी को मरते हुए

[2021]

सब शान्त हैं अब

सब शान्त हैं अब
जो होना था सो हो चुका
भगदड़ कब की थम चुकी है
जलते हुए घर आख़िर बुझ चुके हैं
कटे हुए जिस्म अन्तिम बार धड़ककर सो गए हैं

आप ठीक कहते हैं झा साहब
कोई उत्तेजना बहुत देर तक टिक नहीं सकती

अपनी दिल्ली को ही देखिए
कितने शान्तिपूर्ण तरीक़े से दोनों तरफ़ के लोग
शवगृह के बाहर कर रहे शवों के आने की प्रतीक्षा!

[2021]

होली की शुभकामनाएँ

शुक्रिया!
धन्यवाद!
आभारी हूँ आपका!
आपको भी होली की बहुत शुभकामनाएँ!

सुबह से बैठा हूँ चुपचाप
और मोबाइल पर धड़ाधड़ गिरते मैसेज के जवाब में
दिये जा रहा हूँ जवाबी शुभकामनाएँ

क़ब्र की मिट्टी जब कच्ची हो अभी
जब श्मशान से हड्डियों के तड़कने की आवाज़ आ रही हो
तब क्या उड़ाए जा सकते हैं गुलाल
तब क्या होरी सुनते हुए बिरज लौटना मुमकिन है

पर कहता कुछ नहीं
और चुपचाप लिखता जाता हूँ—
शुभकामनाएँ! मंगलकामनाएँ!
आपको भी रंगोत्सव की अनन्त शुभकामनाएँ!

कैसा कवि हूँ मैं
और कैसा आदमी बन गया हूँ
कि एक लहूलुहान सच को छुपाने के लिए
नया-नया शब्द और नये विशेषण जोड़ता जाता हूँ

[2021]

सिर्फ़ मेरी नग्नता

जिस दिन मैं सफ़ेद कुर्ता-पाजामे में निकलता हूँ
परिचित लोग मुस्कराते हुए कहते हैं—
आज तो पूरा नेता दिख रहे हैं आप

हरे कुर्ते में देखकर प्रोफ़ेसर वर्मा कहते हैं मुझे—
झा साहब, ईद-मिलन के लिए कहीं निकले हैं क्या?

लाल कुर्ते में मुझे देखकर मिश्रा जी मज़े लेते हैं—
वाह! आज तो सच्चे कॉमरेड लग रहे हैं कृष्णमोहन जी

शानदार नीला कुर्ता पहनकर अपने विभाग जाता हूँ
तो चौहान साहब चुस्की लेते हुए कहते हैं—
क्या सर, लगता है बहुजन समाज ज्वाइन कर लिया है आपने!

केसरिया कुर्ते में तो देखते ही मुझे
कुछ मित्र सीधा बाण चलाते हैं—
क्या साथी, आपके भी बदलने लगे हैं अब रंग...

मन ही मन तंग होकर
ऐसी उदार टिप्पणियों को मुस्कराकर झेल लेने के अलावा
मेरे पास दूसरा कोई चारा नहीं है

रोज़-रोज़ सिकुड़ती इस दुनिया में
एक-एक कर छीन लिए गए हैं मुझसे
मेरे प्रिय रंग

मेरे पास बच गई है अब
सिर्फ़
मेरी
नग्नता

[2021]

जन्म-कथा

तलवार से छिटका राजतंत्र
मसनद से सामन्तवाद निकलकर आया
किराए के घर में पैदा हुई बेचारी आधुनिकता
चश्मे को तोड़कर उत्तर आधुनिकता ने जन्म लिया

[2019]

धत

धत
चाय-बिस्कुट-नमकीन

धत
चुटकुलो और निन्दाओ और नक़ली ठहाको

धत
होड़ लेती विनम्रताओ और खोखली सुन्दरताओ

धत
राजनीतिक रूप से सही कविताओ
और पुरस्कार के लिए लार टपकाती जिह्वाओ

धत
बर्थडे-मैरेजडे-मदर्सडे-फ़ादर्सडे-चिल्ड्रेंसडे-टीचर्सडे—
हेल्थडे-ड्रायडे आदि

धत
महँगाई-भत्ता और इन्क्रीमेंट
धत जीवनबीमा और मेडिकल इंश्योरेंस
धत होमलोन-आरडी-जीपीएफ-पीपीएफ
धत शर्मा-वर्मा-कुमार-गुप्ता-मिश्रा-चौहान-राव-रंजन-झा इत्यादि

धत
रेंगने-रिरियाने की भाषा
धत एक कील में कब से ठुकी हुई
मनुष्य होने की अन्तिम परिभाषा

इन भाषाओं और परिभाषाओं को तोड़-फोड़कर
अपने सारे कपड़े-लत्ते छोड़कर
निष्कवच और निर्वस्त्र
मैं निकल जाना चाहता हूँ एक ऐसी अन्तहीन यात्रा पर
अपनी त्वचा तक उतार सकना शामिल हो जिसमें

फिर मैं देखता हूँ
वह कौन है जो आता है मेरे साथ
और कौन रक्त से छलछलाते मेरे शरीर पर फेंकता है पत्थर

[2019]

उसी का समाहार

अगर शहर में होता
तो शायद उधर नज़र ही नहीं जाती

मगर यह
शहर के क़हर से दूर विश्वविद्यालय का परिसर था
जहाँ चाय-बागान से छलकती आती हुई अबाध हरियाली
पूरे दृश्य को
स्निग्ध स्पर्श में बदल रही थी
और वहीं पर यह अभूतपूर्व घटना
चुपके से आकार ले रही थी

हुआ यह था
कि क्वार्टर की ओर जानेवाली खुली सड़क के किनारे
एक पेड़ था कोने पर
जिसके नीचे एक आदमी खड़ा था

पहली नज़र में
विह्वल करने वाला ही दृश्य था यह
क्योंकि आदमी के हाथ में कुल्हाड़ी नहीं थी
और उसे देखने से लगता था
कि शायद
सुबह का भूला शाम को घर लौट आया है
कि तभी
उसके पौरुष से

एक धार सहसा उछली
जिसके साथ-साथ मोबाइल का रिंगटोन बजने लगा

यक़ीनन यह एक नये क़िस्म का यथार्थ था
जिसके सामने मैं खड़ा था
निहत्था

अलबत्ता घटना एक ही थी
पर सत्य थे कई
पहला सत्य कहता था
कि आदमी का उमड़कर बाहर आ रहा है कुछ
इसलिए बज रहा है
दूसरा सत्य कहता था कि वह बज रहा है
इसलिए उससे फूट रही जलधारा
तीसरा सत्य कहता था
कि वह आदमी वृक्ष को सींच रहा है
और चौथे सत्य का कहना था
कि कर्ता अनुपस्थित है यहाँ
बस कुछ हो रहा है...

और जो कुछ हो रहा था
प्रस्तुत मंत्र है उसी का समाहार—

सोने की छुच्छी, रूपा की धार।
धरती माता, नमस्कार!

[2007]

समाप्ति पर

नहीं
समाप्ति पर क़तई नहीं
यह पार्टी असली रौनक़ पर आई है अब

जिनके पास दु:ख थे
वे दस्ताने पहनकर और बहाने ओढ़कर
अपनी-अपनी दुनिया में लौट चुके हैं

जिन्होंने ग़म मिटाने के लिए गिलास उठाया था
वे तीसरे पैग पर लड़खड़ाने लगे
और चौथे पर आते-आते
रोते-बड़बड़ाते हुए अन्तत: धराशायी हुए

लेकिन जिनकी पोर-पोर में भरा था सुख
और भीतर कहीं कोई पछतावा नहीं था
अपने आखेट का चयन कर लिया उन्होंने अतिशीघ्र

और अब उन्हें
अर्जुन की तरह दिख रही
सिर्फ़ चिड़िया की आँख

और आँख अब है
दहकते हुए एक चाकू का नाम
जो एक-दूसरे के भीतर उतर रही है

और होंठ कथनी को करनी में बदल रहे हैं जल्दी-जल्दी
और जिह्वा ने हाथों को अप्रासंगिक कर दिया है
और अब देह अपनी आदिम आभा से उछलकर
पार्क में पत्थर की बेंच हो गई है
और शेष दुनिया सो रही बदहवास

और पेड़ की पत्तियों से
रात के आँसू गिर रहे हैं टप-टप-टप
और आसमान में डूब रहा है एक चाँद
और ख़त्म हो रही है एक दुनिया
और मर रहा है एक कवि
और झर रहा है एक फूल

[2005]

देह तो आख़िर

देह तो आख़िर देह ही है
कौन नहीं जानता
पुरुष के शरीर की बनावट
कौन स्त्री-देह की संरचना से है अनभिज्ञ

लेकिन आजकल जितनी दूर तक नज़र जाती है
एक प्रचंड आक्रमण की तरह
देह ही देह नज़र आती है

कोई लय नहीं
कोई कोमलता नहीं
हृदय के सबसे प्राचीन तट पर
किसी पदचिह्न को सँजोने की विकलता नहीं
देह से परे
किसी अज्ञात आलोक के स्पर्श के लिए
कोई सपना नहीं
ओस में भीगे फूल की तरह
प्रेम से भारी होकर
घास के आगे झुक जाने की कामना नहीं

रेस्त्राँ से लेकर
रूम तक जाने में जितना समय लगता है
अगर कह सकते हैं
तो उतना ही बचा है हमारे युग में
रोमांस

[2006]

नींद तुम कहाँ हो

नींद, तुम कहाँ हो? तुम्हारा यह वियोग कितना मारक है। तुम तो रोटी के साथ सिंकती हो, नमक के साथ ख़ून में प्रवेश करती हो और अपनी आदिम मदिरा से मेरी सख़्त रातों को रुई में बदलती हो। इस लोक की सबसे मादक कथाएँ तो तुम्हारी पिटारी में बन्द रहती हैं। लेकिन आजकल दुनिया के किस बियाबान में तुम फँस गई हो किस रेगिस्तान में अटक गई हो? क्या लॉकडाउन में तुम्हें भी निकलने की इजाज़त नहीं है? लेकिन तुम तो आवाज़ से भी हल्की और पंख से भी चंचल हो। तुम पर तो सोशल डिस्टेंसिंग का बन्धन भी लागू नहीं होता। फिर कहाँ हो तुम? देखो, कमरे की रोशनी को मैंने तुम्हारी पसन्द में बदल दिया है और तुम्हारे प्रिय गीत की मद्धिम आवाज़ यहाँ आहिस्ता-आहिस्ता सुलग रही है। मैं असहाय तकिये पर तुम्हारी प्रतीक्षा में बिद्ध हूँ और दीवार पर टँगे इस कमरे के हृदय की तरह सिर्फ़ धड़क रहा हूँ। उधर चाँद कब का डूब चुका है और यह रात भी ढल गई है। मेरी प्यारी नींद, मृतकों के चेहरे को लेकर इस तरह दर-ब-दर भटकने से अब क्या मिलेगा!

[2021]

विदा होते हुए

और जब एम्बुलेंस दरवाज़े पर पहुँची
मैं कुछ ज़रूरी काग़ज़ सँभाल रहा था

सबसे पहले इंश्योरेंस के पेपर निकाले मैंने
फिर पासबुक बाहर की
ग्यारह साल से अटके फ़्लैट का
प्रॉविज़नल अलॉटमेंट लेटर भी खोज निकाला
उसके बाद क्रेडिट कार्ड अपने पर्स से निकालकर
एटीएम कार्ड के साथ मेज़ पर सबसे ऊपर रख दिया

नीचे सड़क से आती
सायरन की व्याकुल आवाज़
रात को चीरती हुई कहीं भागी जा रही थी
यह पहली घटना थी हमारे सामने
जब अधिकतम की लालसा से आविष्ट लोग
न्यूनतम के लिए हाँफ रहे थे

धीरे-धीरे निकलकर
जब कमरे से आया बाहर
तो मैंने देखा
दोनों बच्चे भिनसारे के सितारों की तरह दूर खड़े थे मुझसे
और पत्नी समुद्र के उस पार कहीं नज़र आ रही थी
इस पार अकेले मैं था

और मनुष्य की आकृति का बिना चेहरेवाला आदमी
जो मुझे सहारा दे रहा था

इतने में एम्बुलेंस का हॉर्न बज उठा
और मैं चल पड़ा

विदा होते हुए मैंने पत्नी से कहा—
अच्छा चलता हूँ
कुछ ज़रूरी सामान टेबल पर रख दिये हैं
सँभालकर रख लेना

पत्नी ने ठंडी आवाज़ में झिड़कते हुए कहा—
तुम तो ऐसे कह रहे हो जैसे कहीं बाहर जा रहे हो

नहीं-नहीं, आ रहा हूँ
मैंने बुदबुदाते हुए कहा

[2021]

क़ब्रिस्तान में जगह

वसन्त कब का बीत चुका है
गमलों के फूल मुरझाकर सूख गए हैं
और सूर्य की लिपियों से आच्छादित गुलमोहर की टहनियाँ
आँधी में अरराकर नीचे गिर गई हैं

हमारे किसी अपराध की सज़ा बनकर
अप्रैल पुनः उपस्थित है अब

श्मशान चलकर बस्ती में आ गया है ख़ुद
और मुख्य सड़कों से उतरकर
गलियों में घूम रहा है
सहमे हुए लोग
किसी षड्यंत्र में शामिल अपने हाथों को संशय से देखते हैं
और उन्हें धोने अन्दर चले जाते हैं

क़ब्रिस्तान में जगह कम पड़ रही है
अपनी बारी की प्रतीक्षा में
अर्थियों पर और ताबूतों में शव उदास लेटे हैं

चिता लगानेवाले और क़ब्र खोदनेवाले जितने भी लोग हैं
वे पहले से ही व्यस्त हैं बहुत
उन्हें मरने तक की भी फ़ुर्सत नहीं है अभी

जो लोग मर चुके हैं
उनसे निवेदन है
कि थोड़ा धीरज बनाए रखें
बस, उनकी बारी आने ही वाली है
अभी तो बहुत सी क़ब्र खोदने को बाक़ी हैं
अभी तो असंख्य चिताओं के लिए जगह बनाना है बचा हुआ

[2021]

अनुपस्थितियों के अमावस पर

अनुपस्थितियों के अमावस पर
हृदय की तरह जलता
एक कच्चा दीप मैंने चुपचाप रख दिया

इस दिवाली पर
भरी आँखों से कुछ कहा नहीं गया
रोशनियों का जगमग इस बार मुझसे सहा नहीं गया

[2021]

तुलसी स्वीट्स

जो आदमी सामने कुर्सी पर बैठा रहता था
कल तक
आज वह दीवार पर टँगा है

जबकि एक कोने में
पानी से भरा जग रखा है यथावत्
परातों में
उसी तरह मिठाइयाँ सजी हुई हैं
सीढ़ियों के नीचे
पूर्ववत जमी है चप्पल-जूतों की धूल
और ऊपर किराएदार के गमलों में
ज्यों के त्यों लहक रहे हैं तरह-तरह के फूल

लेकिन कल तक
जो आदमी सामने कुर्सी पर बैठा रहता था
आज वह
वहाँ
दीवार पर टँगा है।

और दिनों की तरह ही
आज भी
इस सड़क से एक नहायी-धोयी सुबह गुज़रेगी

आज भी पसीने से लथपथ एक दोपहर
अपना ठेला सड़क किनारे छोड़कर
किसी ट्रक या पेड़ की छाया में सुस्ताने बैठ जाएगी
आज फिर एक अपराह्न
किसी छोटी-मोटी ट्रॉली पर
किसी देवी की सुन्दर प्रतिमा स्थापित कर
प्रसाद लुटाते
रंग-गुलाल उड़ाते प्रेमतला की ओर निकल जाएगा

आज फिर ताँत की साड़ी में लकदक एक शाम
नाक को रूमाल से ढके
गली को पार करती हुई मुख्य सड़क पर आएगी
और किसी घरेलू कथा में व्यस्त
बराक मार्केट की ओर चली जाएगी

आज फिर
धीरे-धीरे रिक्शे लौट जाएँगे अपने-अपने ठिकाने पर
एक-एक कर दुकानों के होंगे बन्द शटर
फिर समूचा शहर
टीवी धारावाहिक और माछेर झोल में डूब जाएगा
और यह कोई नहीं जान पाएगा
कि कल तक
जो आदमी सामने कुर्सी पर बैठा रहता था—
वहाँ
आज वह अपनी निरीह मुस्कराहट में क़ैद
दीवार पर टँगा है

मुझे पता है
कुछ दिनों तक उसकी चप्पलें खोजेंगी उसे
कुछ समय के लिए उसका मौन भी हकलाएगा
कुछ अरसे तक उसकी प्यास ख़ूब तड़पेगी
कुछ रातों तक उसका तकिया भी कछमछाएगा

लेकिन एक दिन
उस माला की ख़ूशबू भी
चुपके से छोड़कर चली जाएगी उसे
एक दिन उसका सामान बरामदे पे आ जाएगा
एक दिन उसका कमरा लग जाएगा किराए पर
एक दिन वह स्मृति से भी निकल जाएगा

[2007]

रात और सुबह

रात देर तक चली है सितारों के साथ बैठक मेरी
सूरज को कल सुबह करना होगा मेरा इन्तज़ार...

[2019]

तारों की धूल

जो लोग प्रेम करते हैं
वे सबसे निकट रहते हैं अपने पुरखों के
एक-दूसरे की आँखों में उन्हें
अक्सर दिखती है तारों की झिलमिलाहट

तारे मरते हैं
तो मनुष्य जन्म लेते हैं
मनुष्य मरकर बन जाते हैं तारे

[2021]

ने कहा

मैंने कहा यह वृक्ष है
उसने कहा यह बीज है

मैंने कहा यह समुद्र है
उसने कहा ये आँसू हैं

मैंने कहा यह मृत्यु है
उसने कहा यह प्रेम है

[2020]

जीवनानन्द द्वितीय

मेरे सिवा और कौन जानता है
कि तुम्हारे हिस्से
न कार्तिक की भोर में ओस से निमज्जित
बैजन्ती फूल की तरह दुर्लभ प्रेमी आया कभी
और न अखंड लालित्य को काव्य-भाषा बनाता आया प्रेम

तुम्हारे अलावे और कौन जानता है
कि मेरे हिस्से
न विद्युल्लता-सी खिलखिलाती रात आई कभी
न इस मिट्टी के बर्तन को मिला
शहद जैसा गाढ़ा और हरसिंगार के फूल-सा आश्रय

जानता हूँ मैं
कि न तो नाटोर की रहनेवाली तुम ठहरीं
और न ही मैं जन्मा बोरिसाल में

बीच सड़क पर
ट्राम को घरघराते देखना
या उसके निकट जाना तो बहुत दूर की बात हुई
रूपसि बाँग्ला की सजल भूमि को अभी तक छू नहीं पाया हूँ मैं

लेकिन यह जो रोज़ शाम को
मेरे सीने को कुचलता हुआ चला जाता है कुछ
वह ट्राम नहीं तो और क्या है!

[2021]

पसन्द नहीं मुझे

पसन्द नहीं मुझे
आसमान के नीले चरागाह में
नीरवता की नरम घास टूँगते भेड़ की तरह झुंड के झुंड तारे
और न उनके पीछे चलते-टहलते हाँका लगाते गड़ेरिए-सा एकाकी चाँद

शंख के हृदय में चुपचाप
जाने कब से खलबली मचाता न समुद्र अच्छा लगता है मुझे
और न नदियों के अभिलेखागार में सुरक्षित
लोक गाथाओं की पांडुलिपियाँ मुझे आकर्षित करती हैं

किसी भी ऋतु में
अपनी उदार बाँहें फैलाए
और सर उठाए
सिर हिलाते सरसराते झूमते वृक्ष सुहाते नहीं मुझे
और न शाम के धुँधलके में
वीरान पगडंडी पर अकेले दूर जाते गाते आदमी की तान अच्छी लगती है

पसन्द नहीं मुझे
क्षितिज तक रंगों की पतंग उड़ाता हुआ यह वसन्त

पसन्द नहीं मुझे
तुम्हारे स्पर्श की स्मृति से झंकृत देह का यह वाद्ययंत्र

मुझे क़तई पसन्द नहीं
इस मन में अनुरणित सदैव तुम्हारे नाम का मन्त्र

मैं जिसे पसन्द करता हूँ
जिसे चाहता हूँ
प्यार करता हूँ जिससे
वह टूट जाता है
या छूट जाता है
या ख़त्म हो जाता है हमेशा के लिए

[2019]

आषाढ़ का एक और दिन

चाँदनी चौक...सेंट्रल एवेन्यू...
महात्मा गांधी रोड...
गिरीश पार्क...
शोभाबाज़ार से
श्यामबाज़ार होते हुए मैं बेलगछिया उतरता हूँ
और दाईं ओर से निकलकर
शरत पल्ली के लिए रिक्शा लेता हूँ
मेरी जेब में रखा हुआ उम्मीद का टुकड़ा है एक
जिसे बार-बार निकालकर देखता हूँ
और रखता हूँ

अपने नाम से छलककर
सड़कों पर कलकत्ता अबाध बह रहा है
उबले हुए चीनिया बादाम की तरह भारी हवा
गर्भवती स्त्री-सी ठहरी हुई है
उसकी देह से
सरसों तेल की झाँस के संग
पेट्रोल की गन्ध निर्बाध उठ रही है
और उसके अनगिनत अजनबी बेचैन कन्धे
एक-दूसरे से रगड़ खाते कहीं बढ़ते जा रहे हैं

महानगर की
धूल और धुएँ से बनी छप्पर में छेद करती
घोड़े की टापों जैसी बूँदें

यहाँ-वहाँ पड़ने लगी हैं
जिनके बीच से गुज़रते हुए मैं रिक्शे से उतरता हूँ
और पूछ-पूछकर एक गली में बढ़ता हूँ

और अब 3/12 बी के दरवाज़े पर
अनेक वर्षों के अकथनीय भार के साथ खड़ा हूँ लाचार
और किवाड़ के उस पार
बरसों पहले छूट गए समय को खटखटाता हूँ
फिर पाता हूँ
कि एक दुबली स्त्री—
जिसने साड़ी के साथ अपनी आत्मकथा भी पहन रखी है—
धीरे से खोलती है दरवाज़ा
जिसके बाहर
मैं प्रतीक्षा में भखरता हुआ
ख़ुद को न्यूनतम बनाकर घर में प्रवेश करता हूँ

यह वही घर है
जिसने मुझे बेघर किया है
और उसी घर में
चाय पी जा चुकी है
नाश्ते जैसा भी हो चुका है कुछ
कुशलक्षेम के आदान-प्रदान और गाँव के नये-पुराने समाचार
भाप बनकर उड़ चुके हैं
घर के बर्तन और खिड़कियों के काँच पर
उनकी अदृश्य सतह फैल गई है
लेकिन हमारे सामने एक विकट और असहनीय समय
जस का तस पड़ा है
उसे छूते ही
एक विकराल भुजंग अपनी जीभ लपलपाता हुआ निकलेगा
और हम दोनों को फ़ौरन पत्थर बना देगा

इसलिए उसे छूने से हम कतरा रहे हैं
और एक-दूसरे की कातर आँखों से बचने के लिए
बतियाते हुए इधर-उधर देख रहे हैं

बारिश तेज हो गई है
छत पर और बाहर उसकी छटपटाहट संगीत में बदल चुकी है
और पानी के घोंसले में मिट्टी की चिड़िया दुबक गई है

उमड़ती हुई स्मृतियों का एक पंख
चक्कर काटता हुआ
समय के वृक्ष पर आकर अटक गया है

"वही अषाढ़ का दिन है। उसी तरह मेघ गरज रहे हैं। वैसे ही वर्षा हो रही है। वही मैं हूँ।"

नहीं
मैं नहीं हूँ वह
उज्जयिनी से मेरा कोई रिश्ता नहीं है
कविता ने अपने बाण से मुझे किया नहीं है विद्ध
इस मामूली जीवन को
किसी उदात्त दुःख ने कभी छुआ नहीं है
मैं किसी राज-पाट को हठात त्यागकर भी नहीं लौटा हूँ

न मेरा नाम राजू है
न मेरे पिता कोसी प्रोजेक्ट में तहसीलदार थे कभी
न मैंने इस लड़की के लिए अमिया तोड़ी है बचपन में
न महुए के फूल चुने हैं
चार बजे भोर में जगकर
न इसकी धार पर अपनी नज़रों से सान चढ़ाई है
न किसी गोशाला के अन्धकार में
इसके होंठों को अपने होठों से किया है बन्द
न मिट्टी के कच्चे बर्तन जैसे इसके सोंधे स्तनों को

अपनी साँस की आँच में कभी पकाया है
और न ही इसकी शादी में
छुप-छुपकर अनाथ बच्चे की तरह मैं रोया हूँ

वह कोई और राजू था
मेरे ही नाम का कोई दूसरा लड़का
मेरे ही चेहरे को पहनकर यहाँ-वहाँ भटकने वाला

और मेरे सामने जो बैठी है अभी
यह भी मल्लिका नहीं
शान्ति है
हालाँकि यह भी उसी घर में पैदा हुई है
इसे भी थोप दिया गया है वैसा ही एक जीवन
और किसी समर्थ विलोम ने
एक दिन इसे भी हासिल कर लिया है

लेकिन नहीं
यह शान्ति नहीं
जैनेन्द्र की सुनन्दा है
सौ वर्ष पहले किसी कालिन्दीचरण के घर में
आग से यही राख हो रही थी
'रोज़' की मालती भी यही है
बिना किसी अपराध के शाप की मर्मान्तक छाया
अभी भी इसके ऊपर मँडरा रही है
यही 'रेनकोट' की नीरजा या नीरू है
जो एक फटी हुई कथरी को
कई सालों से अपना जीवन कहती आ रही है

मैं उन्हें
समय के अलग-अलग दराज़ों से निकलकर आते
आवाज़ों की तरह घनघनाते
पानी जैसे हहराते
एक-दूसरे में घुलते-मिलते भाप बनकर उड़ते

रूप बदलकर सूखे पत्तों की तरह
टूटकर बिखरते
और फिर हवा में उड़कर दूर जाते हुए देखता हूँ
और समझ नहीं पाता
कि यह व्यक्त है या अव्यक्त
यह जागरण है या स्वप्न
यह यथार्थ है कि कल्पना

एक अजीब भँवर है इस जीवन की संकल्पना
जिसमें सुनन्दा और विलोम शान्ति और कालिदास मल्लिका और मैं नीरजा
और कालिंदीचरण सभी चक्कर काट रहे हैं
जैसे धरती काट रही चक्कर लगातार
जैसे ऋतुएँ आ-जा रही हैं

अपने हिस्से की व्यथा से कीलित
मैं देखता हूँ बाहर
बारिश आकर चली गई है
और सूरज ने अपनी चरखी पर किरणों को समेट लिया है

यह लौटने का समय है

कहने और सुनने का समय बीत गया है
चाय-कप के इर्द-गिर्द और फ़र्श पर
तमाम शब्द बिखरे हुए हैं
और अनकहा जो गुमसुम था तब से बैठा हुआ
उठकर मेरे साथ अब चल पड़ा है

एक बेबसी दरवाज़ा खोलती है धीरे से
एक लाचारी याचना में डबडबाती है
एक पराजित नज़र अन्तिम बार देखती है उसकी तरफ़
एक गीली साँझ उस गली में बेदम लड़खड़ाती है

[2021]

जहाज़ का पंछी

जैसे जहाज़ का पंछी
अनन्त से हारकर
फिर लौट आता है जहाज़ पर
इस जीवन के विषन्न पठार पर भटकता हुआ मैं
फिर तुम्हारे पास लौट आया हूँ

स्मृतियाँ भाग रही हैं पीछे की तरफ़
समय दौड़ रहा आगे धप-धप
और बीच में प्रकम्पित मैं
अपने छलछल हृदय और अश्रुसिक्त चेहरे के साथ
तुम्हारी गोद में ऐसे झुका हूँ
जैसे बहते हुए पानी में पेड़ों के प्रतिबिम्ब थरथराते हैं

नहीं
दु:ख क़तई नहीं है यह
और कहना मुश्किल है कि यही सुख है
इन दोनों से परे
पारे की तरह गाढ़ा और चमकदार
यह कोई और ही क्षण है
जिससे गुज़रते हुए मैं अनजाने ही अमर हो रहा हूँ

[2001]

तुम्हारी देह

एक सलोनी नदी
बचपन से तुम्हारी खिलखिलाहट का पीछा करते-करते
अन्ततः समा गई है आकर तुम्हारी देह में अब
सामने से बहती हो
तो एक उन्मत्त उछाल अपने अंक में लपेटकर मुझे
ले जाती है तुम्हारे साथ

मैंने अपने इस बसन्त को
सबसे पहले तुम्हारी आँखों में उड़ते देखा है
तुम्हारी बाँहों की टहनियों पर
बेआवाज़ उतरते
सबसे पहले दिखे हैं मुझे मौसम के पंख

और तुम्हारी पीठ पर जो एक मोहक पुल बना है
उसके ऊपर
तुम्हारी गर्दन को एकदम छूता हुआ
स्थायी रूप से जो टिका है नवमी का एक चाँद
मेरी विकल रातों को वह
दूर से भी करता है आलोकित

जब भी ऐसा हुआ है
कि तुमने जैसे ही मुझे छुआ है
उग आया है वहाँ मेरी आत्मा का एक अंकुर

कोसी की मिट्टी है तुम्हारी देह
तुम्हारे जल तुम्हारे अन्धकार तुम्हारे संसर्ग में आकर
मैं बार-बार जन्म लेता हूँ

[2021]

पेपरवेट के नीचे

तुम अब तुम नहीं हो
न यह समय वह समय है

तुम्हारी आँखें नहीं हैं आँखें अब
वे अँगुलियों में बदल चुकी हैं
तुम्हारी अँगुलियाँ भी रहीं नहीं अब अँगुलियाँ
उनमें कुछ आतुर होंठ उग आए हैं
जो बरबस काँप रहे हैं
तुम्हारे होंठ भी नहीं रहे अब होंठ
वहाँ दो व्याकुल हृदय किसी इंजन की तरह थरथरा रहे हैं

तुम्हारी भाषा का उत्तरीय तो बहुत पहले ही हवा में उड़ चुका है
और तुम्हारी देह से उदासीन समय
परित्यक्त बस स्टॉप की तरह कब का पीछे छूट गया है

यह उद्दीप्त एकान्त की एक मेज़ है
जिस पर
पेपरवेट के नीचे दबे दो पन्ने
आदिम हवा में कुछ देर से फड़फड़ा रहे हैं

[2021]

जब

उमड़कर जब क़रीब आते हो
तो पिघलकर एक हो जाने के लिए
कैसे पंख नुचे कबूतर की तरह तुम छटपटाते हो

छिटककर दूर होते हो
तो लौटते ज्वार की तरह
तट पर कितने अवशेष छोड़ जाते हो

[2021]

तुम फिर आना

अभी तालू से चिपके नहीं हैं शब्द
ख़ून सूखकर अभी कत्थई नहीं हुआ है
केंचुल की तरह
अलग नहीं हुई है अभी त्वचा

तुम फिर आना

[2020]

लोग

प्रेम से अनभिज्ञ पुरुष
विवाह कर लेते हैं
सुबह दफ़्तर जाते हैं बैग में टिफ़िन बॉक्स लेकर
और शाम होते-होते
झोले में सब्ज़ियाँ ख़रीदते हुए वापिस आते हैं
कुर्ता-पाजामा पहनकर चाय पीते हैं
समय पर खाना खाते हैं
टीवी चैनलों का आनन्द उठाते हैं
और खर्राटे भरते हुए सुख से सोते हैं

प्रेम से वंचित स्त्रियाँ
एक दिन ब्याह दी जाती हैं अनभिज्ञ पुरुषों से
दाम्पत्य के आरम्भिक दिनों में वे
पति के साथ रिक्शा पर सवार होकर
फ़िल्म देखने जाती हैं
जब-तब आलू की भुजिया और पराठे बनाती हैं
स्वेटर बुनती हैं
बच्चे जनती हैं
और धीरे-धीरे धार्मिक अनुष्ठानों में डूब जाती हैं

अनभिज्ञ और वंचित लोग
लड़ते-झगड़ते और सुलह करते हुए
एक आदर्श परिवार बनाते हैं

जिसमें टीवी, सोफ़ा, फ्रिज़, मिक्सी इत्यादि सुख के तमाम साधन
अपनी-अपनी भूमिका निभाते हैं

जो स्त्री-पुरुष प्रेम करते हैं
और विवाह करके साथ-साथ रहने लगते हैं
धीरे-धीरे उनका पीछा करता हुआ
एक अव्यक्त और अज्ञात समय उनके बीच भी पहुँच जाता है
जहाँ तक आते-आते थक जाती है भाषा
और सुख का कोई साधन उनकी रक्षा कर नहीं पाता है

अकेले में
अपनी यात्राओं पर
चाहे-अनचाहे विचार करते हुए वे
उपलब्ध दृश्य की ओर चुपचाप देखते रहते हैं

[2021]

तुम्हारी जुड़वाँ बहन

मृत्यु के भी फूल होते हैं जो अपने बीज को हृदय में लेकर हवाई यात्रा पर दूर-दूर निकल जाते हैं। उनकी यात्राओं से हवा में धूल उड़ती है, पत्तों पर उसकी परत जम जाती है और तुम्हारे दाँतों के बीच कुछ किरकिराने लगता है। ये संकेत हैं कि वे अपने गन्तव्य पर पहुँच चुके हैं। ज़रूरी नमी और अपेक्षित अन्धकार में उनका काम चल पड़ा है। फ़िलहाल तुम्हारी मृत्यु का वृक्ष अपनी जड़ों को मोड़-सिकोड़कर, अपने तने और टहनियों को समेटकर चुपचाप एक अदृश्य बीज में सो रहा है। असंख्य शुक्राणुओं को पछाड़ता हुआ जिस तरह एक शुक्राणु एक परिघटना को जन्म देता है उसी तरह एक शिशु मृत्यु अपने विराट वृक्ष से अलग होकर चुपचाप तुम्हारी यात्रा में विलीन हो जाती है। अब अकेले तुम नहीं हो। तुम अकेले कभी नहीं थे। यह मृत्यु के दुश्मनों का फैलाया हुआ दुष्प्रचार है कि इस दुनिया में हरेक आदमी अकेला आता है और अकेला जाता है। सच तो यह है कि तुम गर्भ में भी अकेले नहीं आते। मृत्यु हमेशा तुम्हारे साथ आती है। बल्कि असली सहोदर तुम्हारी वही है। तुम्हारी अन्तरंग जुड़वाँ बहन।

इस दुनिया में तुम्हारे आते ही वह तुम्हारी छाया बन गई है। किसी पालतू जीव की तरह वह तुम्हारे कदमों में लेटी हुई है और तुम्हारा मुँह जोह रही है। तुम्हारे आँसू और पसीने के स्वाद ने उसे बाँध लिया है और तुम इत्मिनान से जी रहे हो। कई बार अपने होने को उसने इतना न्यूनतम कर लिया है कि वह तुम्हारे पैरों के नीचे आ गई है और तुम भूल गए हो कि वह है। दरअसल यह तुम्हारे मध्याह्न का समय है। तुम आलोकित हो। लेकिन सूरज भी तुम्हें कब तक यों प्रकाशित रख सकता है! वह ख़ुद पश्चिम की ओर सरक रहा है। तुम्हारे आँगन में कटहल के लाल-लाल पत्ते जब-तब टपक रहे हैं। पोखर में कमल की पंखुड़ियाँ सिमटने ही वाली हैं।

पक्षियों की वापसी का समय निकट आ रहा है। तुम्हारी लम्बी होती परछाई बता रही है कि अब सूर्यास्त होने ही वाला है।

[2019]

मिट्टी का बर्तन

मैं नहीं कहूँगा कि फिर लौटकर आऊँगा
क्योंकि मैं कहीं नहीं जाऊँगा

कोहरे के उस पार
शायद ही भाषा का कोई जीवन हो
इसलिए मेरे उच्चरित शब्द
यहीं
कार्तिक की भोर में
धान के पत्तों से टपकेंगे ठोप-ठोप

मेरी कामनाएँ
मेरे विगत अश्रु और पसीने के साथ
दुःख की इन्हीं घाटियों से उठेंगी ऊपर
और जहाँ मैंने जन्म लिया
उसके विदग्ध आकाश में फैल जाएँगी
बादल बनकर

मेरी आत्मा और अस्थियों में रचे-बसे दृश्य
इस गर्द-गुबार इस खेत-खलिहान
इस घर-द्वार में
अपना मर्म खोजने बार-बार आएँगे
इनके बाहर कहाँ पाएँगे वे अर्थ
भला कहाँ जाएँगे
जाना यदि सम्भव हुआ भी

तो शब्द और दृश्य और कामना के बिना
क्या और कितना बच पाऊँगा
कि उसे कहा जा सकेगा जाना

आया हूँ तो यहीं रहूँगा—

आषाढ़ की इस बारिश में
धरती के उच्छ्‌वास से उठनेवाली अविरल गन्ध में

खपरैल के इस अँधेरे घर में
रोज़ दोपहर को लग जानेवाले
सूर्य के किरण-स्तम्भ में

चनके हुए इस दर्पण पर
बार-बार आकर
चुपचाप सो जानेवाली धूल के एक-एक कण में

आया हूँ तो यहीं रहूँगा
मैं कहीं नहीं जाऊँगा

[2001]